現代與多元

周英雄 主編　東大圖書公司 印行

國立中央圖書館出版品預行編目資料

現代與多元：跨學科的思考／周英雄
主編. --初版. --臺北市：東大發行
：三民總經銷,民85
　　　面；　　　公分. --(滄海叢刊)
含參考書目
ISBN 957-19-1871-7 (精裝)
ISBN 957-19-1872-5 (平裝)

1.人文科學-論文,講詞等
119.07　　　　　　　　　85001880

© 現代與多元—跨學科的思考

主　編　周英雄
發行人　劉仲文
著作財
產權人　東大圖書股份有限公司
　　　　臺北市復興北路三八六號
發行所　東大圖書股份有限公司
　　　　地　址／臺北市復興北路三八六號
　　　　郵　撥／〇一〇七一七五——〇號
印刷所　東大圖書股份有限公司
總經銷　三民書局股份有限公司
門市部　復北店／臺北市復興北路三八六號
　　　　重南店／臺北市重慶南路一段六十一號
初　版　中華民國八十五年四月
編　號　E 54100
基本定價　叁元肆角
行政院新聞局登記證局版臺業字第〇一九七號

有著作權·不准侵害

ISBN 957-19-1872-5 (平裝)

作者簡介

　　周英雄，臺灣雲林人，一九三九年生。聖地牙哥加州大學文學系哲學博士，現任交通大學外文系教授兼人文社會學院院長。著有：《結構主義與中國文學》、《小說、歷史、心理、人物》、《比較文學與小說詮釋》、《文學與閱讀之間》。另編有中英文著作多種。

　　何秀煌，一九三八年生，臺灣省宜蘭縣人；國立臺灣大學文科學士及碩士，密西根州立大學哲學博士，現任香港中文大學哲學系教授，並兼任文學院院長及通識教育主任。曾經出版《0與1之間》、《記號學導論》、《人生小語》(一)～(七)、《記憶裏有一個小窗》、《文化‧哲學與方法》、《人性‧記號與文明》等二十幾部著作，以及譯述數種和其他散見各處之論著與散文甚多。

　　劉述先，江西吉安人，一九三四年生於上海。美國南伊利諾大學博士。現任香港中文大學哲學系講座教授兼人文學科研究所所長。著有《文學欣賞的靈魂》、《新時代哲學的信念與方法》、《中國哲學與現代化》、《朱子哲學思想的發展與完成》、《黃宗羲心學的定位》、《理想與現實的糾結》諸書。

　　梁元生，畢業於香港中文大學，後負笈美國，一九八〇年獲加州大學（聖巴巴拉）博士學位，現執教香港中文大學歷史系。著作有

《林樂知在華事業與萬國公報》、《宣尼浮海到南洲》、《歷史探索與文化反思》、《上海道台研究》（英文）等多種。

　　黃繼持，廣東中山人，一九三八年生於香港。香港大學文學士、碩士。一九六五年起任教於香港中文大學，現為該校中文系高級講師。所撰學術論文及文藝評論，結集成書者有《文學的傳統與現代》、《寄生草》。編有《中國近代名家選粹——魯迅卷》等。

　　王宏志，廣東南海人，一九五六年生於香港。香港大學文學士及哲學碩士，英國倫敦大學哲學博士。現任教於香港中文大學翻譯學系。著有《思想激流下的中國命運——魯迅與「左聯」》、《文學與政治之間——魯迅‧新月‧文學史》及Politics and Literature in Shanghai: *The Chinese League of Left-wing Writers, 1930-1936* 等。編有《朱湘懷念集》。

　　譚國根，美國伊利諾大學比較文學博士，曾任美國夏威夷東西中心後博士研究員，現任香港中文大學英文系高級講師兼系主任。專研現、當代中國文學及文化政治，論著發表於歐、美、星、港、臺、大陸之學術專著及期刊。

　　石元康，臺灣大學學士及碩士，加拿大渥太華大學哲學博士。現任香港中文大學哲學系高級講師兼系主任。主要研究興趣為：倫理學、社會及政治哲學、歷史哲學及中國政治理論。著有《洛爾斯》、《當代自由主義理論》及發表多篇論文。

　　王建元，香港浸會學院英文系畢業，美國Redlands大學英美文學碩士，聖地牙哥加州大學比較文學博士，現任香港中文大學英文系高級講師，著有《現象詮釋學與中西雄渾觀》。研究範圍包括比較詩學、詮釋學、文學理論、科幻小說等。

從文學看現代與多元——代序

周英雄

「現代」一詞涵義豐富、複雜，甚至相互矛盾，相信對「現代」這一個課題稍有涉獵的人都有同感；在不同的歷史脈絡中，「現代」的涵義互有出入。就以西方傳統言，二十世紀之前的現代性與笛卡兒「我思故我在」（Cogito Ergo Sum）的主觀概念往往無法割捨；相反的，半個多世紀之後的後結構主義把以往工整、以自我為中心的宇宙觀加以全盤打翻，而這股反人文主義的主體觀，甚至把塑造意義的主動權，由個人的意識領域轉移至語言、論述或符號的體制中，這一來人如何看待自己，或看待他人與世界，其方法與結果都產生了極大的差異。這種歷史變化自有其發展的邏輯，而上述有關現代性南轅北轍的發展，顯而易見與西方啓蒙主義，及二十世紀之現象學、結構主義與後結構主義之先後更替，也有其必然關聯❶。

就空間一軸而言，現代性在若干論者的眼中，無疑與文藝復興、科學革命，以及新教倫理、啓蒙運動、工業革命，甚至帝國主義各有息息相關的關係。舉例來說，中古世紀神本位的宇宙觀，把人定位於「存在的大鏈」（Great Chain of Being）上一個不高不低的位置，透過相當的靈修與善行，人自信可以瞭解生命的眞諦，並將希望寄託於來世；可是經過科學革命之衝擊與新教倫理之洗禮，個人與自然的關係不再像以往那樣「有機」；人不得不自力更生，甚至反躬自問到

底自我的真義爲何，而人與自然的主從關係到底又是如何。這種分崩離析的現象，到了二十世紀更是變本加厲，而所謂虛無主義或現代主義中的種種異化現象，都與個人跟社會之脫節、脫序有相當的關聯。換句話說，如果發展的邏輯決定現代性成長的過程，人我（或人與社會）的動態關係也同樣塑造了現代性的型態❷。

　　而如果我們再循對此相對論的思考路線走下去，而回過頭來看中國的現代性，那麼我們勢必會獲得一個顯而易見的結論：不管談「現代」、「現代性」或「現代主義」，我們很難獲致一個一成不變的定義，甚至也很難看到一個明晰可見的整體。也正因如此，「多元」與「現代」廣義而言似乎成了同義詞。而在跨文化、跨學科的考察裏，多元這麼一個思考模式更有其方法論上的必要。

　　我們一般人談現代習慣把它當作傳統的反面，有人甚至還把它視爲對傳統的否定（例：打倒孔家店），西方文學的現代主義也有「大分水嶺」（the Great Divide）的說法，認爲現代迥異於傳統。其實西方的現代主義側重的往往略有不同，一般文學批評談西方現代主義往往看重語言的自主性；也就是說，語言自成一格，獨立於現實之外，再也不是現實的標籤。而在前衛作家手中，語言更成利器，用來顛覆資本主義、中產階級的價值觀。這種語言觀與較早的現實主義可以說大異其旨，並把語言與社會放在對立的兩極位置上。當然，歸根究底，語言雖說是個人的表達工具，但它免不了也是約定俗成的「公器」，這是一個不得不重視的問題；而更值得我們思考的是：在這種語言觀的變遷中，自我應該如何自處？是不是十九世紀的語言觀真束縛了個性，使其無法張揚？Ian Watt在 *The Rise of the Novel* 即指出，其實在現實主義的導引下，人也必須重新審視社會，並賦予外界個人（有別於人云亦云）之詮釋，而這種自由主義的認識論也正是小

說興起之哲學基礎。如再往前推溯到中古世紀，人固然隸屬於一個有機、神本位的宇宙，但人生的目的，又何嘗不是小我的提升，希望盡量把人性美好的一面（如理性）加以發揚，而同時將不足取的一面（如物慾、情慾）加以抑制？這與二十世紀主體性的追求又有何區別？嚴格說來，二十世紀追求自我，到末了甚至落得自我喪失，作家筆下描繪出一幅幅失樂園之景象，豈是當初他們始料所能及？

　　文學的現代主義是一種語言主義，基本上質疑現代性或現代化，認為現代化把人帶進一個資本主義的夢魘中，因此亟須加以破解。可是現代主義往往無法自逃於資本主義無所不包的如來佛神掌，愈是實驗性強，愈離經叛道的作品，愈是為資本家所垂愛，並加以收購、收藏；往往弄得有些現代作家、藝術家哭笑不得，而等而下之的則更是忸怩作態，喪失了創新與獨立特行的立場，這又何嘗是現代主義當初的用意？後現代主義之所以背棄這種精英主義的語言觀，不妨視之為對現代主義的一種矯正。概而言之，諸如此類側重語言的自主性固然是文學現代性的重點所在，但它與社會科學家所說的現代性相去甚遠；而社會科學家所關心的一些問題，如社會生活資本化、工業化、民主化、民間社會、公共領域等，都與文學的現代性有相當出入❸。由此可知，現代性的本質因各學科而異；不同領域之間，對現代性容有共通或相似之處，但觀念之轉移，往往牽涉不同的中介，不宜輕易視為等同。

　　上面簡略談到西方現代性的兩個層面：一、現代性（或非現代性）發展的邏輯，它與西方哲學史的進程緊緊相扣；二、現代性（或非現代性）與社會的動態關係。上面以文學為例，說明由於對社會現實的抗拒，現代發展成一種語言主義，而語言與現實遂分道揚鑣。底下我想談談兩個層面有無交會之地帶，而交會對人的自我認識又有何

關係。我們再以文學為例。

　　吳爾夫（Virginia Woolf）曾經說過：「一九一○年十二月，或者差不多那個時間，人性變了。」這句話頗有危言聳聽之嫌，乍聽之下，似乎西方人到了二十世紀某一特定時刻發生了一項突變，前後判若兩人。不過真正爭議重點所在，倒不是突變之可能與否，而是突變發生的時刻。有人說現代的濫觴應追溯到十七、八世紀的啟蒙運動，也有人說現代的分水嶺應該定位於十九世紀的浪漫主義，而即使談狹義的現代主義，日期也是眾說紛云。即以英國為例，有人主張十九世紀九十年代即已揭開現代的序幕，不過也有人認為談現代恐怕要等到一九二二年喬依斯出版了他的《優力息斯》，而無獨有偶艾略特也同年發表了他的〈荒原〉。其實把現代的起點定在何時並不重要，更值得我們探討的是，不同的起點帶出什麼樣的現代；或是說得更具體一點，什麼樣的現代文學帶出什麼樣的現代性。Jonathan Rée以吳爾夫為例，說明現代小說如何透過語言來顛覆笛卡兒以來的主體觀❹。傳統小說著墨於現實世界，透過對外界的描繪，進而襯托出人物的主體，吳爾夫將此等作法譏之為「唯物主義」，因為它只重人的皮相，而不重其精髓。當然，這並不表示吳爾夫打算逃回到「唯心」的避難所；事實上吳爾夫的作品鍥而不捨，企圖表現的正是如何脫逃主體掛帥，或客體為重的困境。就以《燈塔之旅》為例，蘭西夫人一方面擔心形而上的問題，或人與人溝通之可能性等問題，可是另一方面她也操心一些日常的生活細節，如如何替人牽紅線，溫室該修理，賬單該付等等層次比較低的問題。吳爾夫提出一九一○年十二月，故作驚人之論其實背後更帶出西方思想發展史上的一個難題。從笛卡兒以降，大哲學家個個都以澄清主體的本質為主旨，而歷來有關這方面的論述可以說是汗牛充棟。詹明信（Fedric Jameson）甚至引沙特的話，

說一切哲學的研究都以「我思」（Cogito）出發，而這類研究最忌諱的便是泥足其中，無法自拔❺。詹明信討論過羅逖（Charles Rorty）、海德格、德勒支（Gilles Deleuze）、齊熱克（Slavoj Žežek）與泰勒（Charles Taylor）之後，結論與沙特相同，認為泛泛多談主體無益；不如討論主體的文本性，並配合不同脈絡，具體探討主體的不同結構功能（有別於主體位置），比方說研究主體如何塑造出有關數學或軍事的領域，循此途徑詹明信主張我們好好看看不同主體的運作模式，如說話的主體（關於這點Catherine Belsey在 *Critical Practice*［Methuen, 1980］有相當明確的論述）、看東西的主體、聽話的主體等等，可以說不一而足。而基於他馬克斯主義的立場，詹明信更進一步闡述阿圖塞的理論（認為人的主體往往透過社會對他的「叫喚」猛然自省而獲知），主張在現代社會中芸芸主體之中，最值得研究的莫過於所謂的「集體的主體」，也就是我們耳熟能詳的「國民性格」。詹明信這種觀點當初提出之際，曾經引起相當大的迴響，而第三世界的學者認為詹文論點偏頗，大有欲將第三世界實質化（Essentialize）之趨勢，此地不擬討論。不過詹明信似有將主體移位至身份認同的層次，這倒是不失為可行之道。其他可以暫且不談，就方法論而言，原先談主體講意識、理念、理性，到了二十世紀早期現象學談意向性（胡塞爾）、詮釋或Being-in-the-world（海德格），甚至稍後的索緒爾或後結構主義者，把主體等同於語言等等，討論基本上都浮游於後設的層面。從我個人的工作經驗，在這個層次上不容易說明現代人如何應用主體，為自己定位，並向他人宣示他應用主體的策略，也不容易解釋弱勢族群如何透過主體的運作，來對社會作必要的「抗拒」（Resistance）。

　　從文學的觀點而言，人透過語言的中介而與社會歷史產生關係，

到了我們這個時代順理成章，而產生了現代與現代性（嚴格說是循環論證）。而嚴格說來，其他的學科（如哲學或歷史）也或多或少，按其個別的認識論、方法論，甚至本行的行規，對不同的社會歷史條件作不同的詮釋，並滋生不同的現代型態，與多元的面貌。而尤其值得我們注意的是，「現代」一詞恐非中國自古已有，金耀基、李歐梵談中國現代化即指出，我們以往有「古今」、「新舊」等分法，但傳統與現代之二分法顯然來自西方。這一來，外來的典範如何與本土的情況配合，倒更值得我們深思了。這個集子裏的八篇論文分別從不同的學術觀點（包括方法論、思想史、史學史、文學史、知識論與國際教育），對中國文化的現代層面加以剖析。

何秀煌以抽絲剝繭的手法，將糾纏不清的現代加以一一釐清。他首先將「現代化之實」與「現代化之名」加以區分，讓讀者瞭解到：歷史的現代化是一回事，而論者如何表述或詮釋此一歷史現象又是另當別論。有此二分，讀者自不再迷信有實質主義這回事，並反而探討現代化之發展與生態。除此之外，我們使用語言描述現代，自不免對此現象作多元之再現（Represent），而多元相互之間不免互有出入，甚至矛盾。也正因如此，現代本身有它不可避免的乏晰性，論據所至，何文中的現代其實已邁進到後現代的階段，而其中的若干論點與集子裏壓軸王建元有關後現代的解放論點，有前後呼應之妙。不過無可諱言，何文背後自有它嚴謹的方法論，分別對語言、理性規劃出一定的分析程序，相信如能一一加以展現，對我們研究現代的努力，必有正本清源之功效。

劉述先對胡適的評鑑除以學術的觀點為依據之外，另以當代後鑑之知，指陳胡適當初引進西方思潮之種種盲點與欠缺。劉文首先指出胡適引進理性與進步，不但本身與現代的若干基本精神有所違悖，而

胡適雖然以整理國故爲職志，但他對傳統與現代之整合，可謂力不從心，再說訓詁本身其實也無法達致明心見證的境界。寫到此地不禁要自問，到底這個集子的探討是否充分觸及傳統與現代的互動的關係？香港中文大學人文研究所的同仁目前正朝此方向推進，希望早日能有具體成果面世。再說回到胡適，劉文指出，考據固然有所不足，而他的實證主義、大膽假設，甚至自由主義，不僅本身值得商榷，而證諸當代更是漏洞百出。歸根說來，要走現代化的路，也必須批判西方，但面對此弔詭胡適不幸卻懵然不知。

　　西方現代化的進程中暴露了相當的問題，梁元生對在美中國現代史研究的全面評鑑即以此爲出發點，認爲西方的一切（包括資本主義的社會結構）未必是歷史發展的必然終結。相反的，中國歷史的研究近年有本土化的趨向，由以往思想史、政制史的主流研究，轉移至目前區域或專題的探討。以往幾個階段的研究循三個基本路線進行：挑戰與回應、傳統與現代、帝國主義與社會主義。近年來的研究大抵作橫的劃切（如研究内陸與沿海之對比），或豎的分割（如研究士紳、公共領域與公民社會）。此外，由於救贖的心理使然，近年來對婦女歷史的研究可謂方興未艾。總而言之，史學的發展，至此已揚棄大一統的夢想，論點與何文似亦有互相印證之妙。

　　我們上面說過，主體與社會之間永遠存有張力，而這種張力到了二十世紀可以說變本加厲，其中原因甚多，諸如知識之世俗化、社會結構之分化等，與此都不無關聯，而尤其重要的是「現代」的構造（Construction），也就是論者（包括各領域專家與作家）對「現代」這個觀念的營造，它與歷史事實可能緊密結合，也可能若即若離，甚至產生黃繼持所說的「反撥」或「逆反」。根據黃繼持的看法，文學的現代性與國家的現代性並不同步；事實上，中國的文學主

導整個社會的現代化，與西方現代化的模式有所出入。再說中國的現代化與西化有密不可分的關係，而西方思潮一時湧進中國，勢如決堤，這麼一來中國的現代化模式也就變得繁複多元，而演化的程式有異於西方。也正因如此，我們考察中國的現代化，自然而然須要配合歷史的脈絡來加以認識。根據黃繼持的看法，中國的現代性是開放的，而其中最值得一提是人的自覺，也就是人對真我的追求。不管這項真我是整體的還是割裂的，文人作家所追求的不外乎真，而求真之餘甚至不惜與社會潮流相左，產生上述的逆反現象。這篇論文企圖面面俱到來爬梳中國文學與社會現代化之間的動態關係，此地的複述顯然失之粗略，恐怕只能靠讀者自己去「親炙」了。

與五四相形之下，晚清的現代化，不論是型態或歷史都要來得清晰可辨。依王宏志的看法，晚清的文學帶極強的政治意味，而為追求體制外的救亡，有識之士遂「別求新聲於異邦」，透過翻譯西方文藝思潮，來從事啓蒙，提倡科學新知，甚至啓發愛國思想。讀者如能一氣呵成，把王文與上述的黃文加以貫串，想必能體會中國文學現代化之來龍去脈，並明白中國文學現代化，到底如何走上多元之不歸路。

一部中國現代文學史，論者常好以現實主義加以概括，這種寫史的作法，在大陸上可以說唯我獨尊。可是事實是否果真如此？譚國根即指出五四雖然側重個性之張揚，但嚴格而言，真正的現代性卻植根於後五四的懷疑論，而若干著名作家表面上看似以社會爲導向，但內裏往往以個人爲導向；不同的作家體會命運不可捉摸之餘，無不作各種內省尋求自我，解放自我，完成自我。這種說法頗具新意，並可能透露訊息，令我們依稀看到，儘管文藝政策定天下文壇於一尊，但是現代性主體的聲音不時會冒現於外。有關這方面更深入的探索，我們不妨拭目以待。

　　上面簡述的六篇論文分別從文史哲不同的領域、觀點與方法來對現代的各種問題加以陳述，立論是好是壞只有留待讀者來裁決。不過六篇論文並陳於前，我們多少可以體會到，不同的學術領域，對資料的掌握、方法的應用、立場的陳述等等都有出入，並不是以往常説的「文史哲不分」那麼簡單。所謂學科，其定義乃是制度化的知識；用句通俗的話，各行有各行的行規。當然，這個集子多少代表一組人文學科工作者，經過一段相當時間的切磋，而獲致的成果——甚至不妨説是共同的成果，其中存有內在旁通互響的現象，這也是值得讀者加以體會的一點。

　　不管在東方或在西方，人文以往都處於相當崇高的地位，但隨著近兩三百年來科學、科技與商業突飛猛進，人文遂面臨日益式微的命運。而有識之士認爲要糾正目前社會之亂象，唯有透過人文教育，將知識的本質與對待知識的基本態度重新加以體認、實踐。石元康以深入淺出的筆法，將人文教育與技術教育之區分加以界定，並引用哈柏瑪斯與歐克夏的看法，釐清知識的種類。我們對待知識除了分析之外，另應如何加以詮釋，或作價值判斷。石元康另指出，世界既經解咒，宇宙再無固定可循之軌跡，而理性也不能導引出價值來。根據哈柏瑪斯的理論，答案似乎就在於溝通行爲。

　　至於溝通如何進行，王建元主張透過國際教育來做。他的出發點與其他人的看法有不謀而合，也有出入相當多的地方。他認爲一元論或二元論都與現代世界脱節，而多元才是主流，不過他又認爲許多值得我們加以三思的觀念（如整體性、理性與普同性）都是現代主義的劣跡。也正因如此，現代主義已經疲態畢露，無法解決當前的種種病態；他主張我們要邁進後現代主義，而爲了跟以自我爲中心的本體性來個一刀兩斷，我們的教育應該朝國際化的方向發展，唯有如此我們

才能擺脫主體的專政，或客體的羈絆，並進入現象學所謂的意義這麼一個中間地帶。而在此中間地帶，學生可以自由走動，跨越邊界，甚至藉主（教師）客（學生）之易位，而重新檢視權威，並作平等的溝通。

香港中文大學人文學科研究所成立於一九九一年，下設三個計劃，其中一組的研究題目爲〈文化傳統的比較研究〉，主持人爲劉述先，而第一期研究重點爲現代性，參與人除劉述先之外，另有何秀煌、石元康、馮耀明、李翰林、周英雄、王建元、陳清僑、陳善偉、王宏志、黃繼持與梁元生等人，小組每月召開專題研討會一次，輪流由各組員作專題報告，由於各人學有專精，討論往往有一發不可收拾之勢。這個集子代表第一期的部份工作成果，第二期研究傳統與現代的轉化關係，希望不久的將來也可以拿出成果來作個交代。本文集乃香港中文大學人文學科研究所「傳統與現代」叢書一，往後我們還打算就此課題陸續出書，以便廣泛就教於國內外的專家。

注　釋

❶詳參 "Subjectivity in the Twentieth Century," Jonathan Rée in *New Literary History*, 26, 1（Winter 1995）, 205－218.

❷請參閱 John F. Rundel, *Origins of Modernity, the Origins of Modern Social Theory from Kant to Hegel to Marx*（Cambridge: Polity Press, 1987）, pp. 1－13.

❸Rundel, p. 2.

❹同❶, 206－207。

❺Fredric Jameson, "Representations of Subjectivity," *Discours social/ Social Discourse*, Vol. 6, n° 1－2（1994）, 47－60.

現代與多元——跨學科的思考

目　次

作者簡介

從文學看現代與多元——代序 ……………………… 周英雄／ *1*

Ⅰ.哲學與歷史

現代‧現代性與現代化——
　　語言、概念與意義 ………………………………… 何秀煌／ *3*

由西化與現代化的角度對於胡適的評估 ……………… 劉述先／ *47*

史學的終結與最後的「中國通」
　　——從現代美國思潮談到近年來的中近史研究 … 梁元生／ *63*

Ⅱ.文學

二十世紀中國文學的「現代性」問題
　　——及其與中國「現代化」進程的關係 ………… 黃繼持／ *103*

中國文學的現代化和政治化：

　　晚清文學和翻譯活動的一些現象 ⋯⋯⋯⋯⋯⋯⋯ 王宏志／129

後五四懷疑主義與現代中國文學的「現代性」⋯⋯⋯ 譚國根／155

III. 教育

現代社會中價值教育爲什麼會式微?⋯⋯⋯⋯⋯⋯⋯⋯石元康／173

從現代主義到批判教育學

　　——高等教育國際化的理論基礎 ⋯⋯⋯⋯⋯⋯⋯ 王建元／193

Ⅰ. 哲學與歷史

現代‧現代性與現代化
——語言、概念與意義

何秀煌

0. 現代化與現代化的談論：概念、語言和事情事物

　　一般我們都能區分語言的層次和事情事物的層次。必要時，我們還能進一步辨別語言的層次和概念的層次。在所有的思辨和談論裏，「概念—語言—事情事物」的三者的關聯交錯，都會或隱或顯地影響我們的認知或感受。當概念、語言和事情事物三者之間，彼此雙雙具有一一對應關係的時候，三者之間的交錯關聯隱而不顯。那時，探討思察的注目對象和關心比重到底落在三者之間的那一項上，對整個討論影響不大。因此三者之間的區分和交錯關係也可以置之不理，暫時加以忽略。可是有時（事實上是經常）概念、語言和事情事物之間，並沒有整齊劃一的對應關係。我們在討論問題的時候，將思考「鎖定」在其中一個層次，往往也就無法兼顧另外一個（或兩個）層次。這種方法上的注意力之無法並包，顧此失彼的現象❶，在我們討論簡單或不重要的問題時，可以不加理會。但是，當我們所研究的是些複雜的問題，或當那些問題性質重要，需要小心對待時，上述層次分際的方法自覺就不可以輕易放過。因為許多問題的糾纏不清，無法定

論，除了判斷的程序和方法不明之外，常常就是因為我們游走於概念、語言和事情事物的層次之間，飄忽不定，無法停住，以致論述與結語之間，貫聯障礙，失之交臂。比如，本來我們正在談論某一類東西或某一片現象（事情事物），我們使用著一些慣常或重新加以定義的語彙（語言）。可是在討論思考的過程之中，為了明辨察審，探究那些東西的性質，各東西之間的關係，或現象之來龍去脈，以及現象與現象之間的關聯，我們訴諸學說理論，收集經驗事實，形成自己的瞭解，構作一時的想法（概念）。在我們的理解和想法之間，充滿著種種的概念和心象。一般來說，這些概念經常披著語言的外衣，可是當我們在思索推理的時候，當我們在觀察現象，審視事物，產生新認知，獲得進一步結論的時候，我們可能修正了想法，豐富了知識，改變了信念。這時，我們據以表現理解內容的構成概念，是否仍然是舊有概念，沒有差池，沒有走樣？這些概念大約依舊穿著語言的外衣，可是這時的語言是不是原先的語言？即使語言沒變，（怎可能沒變？）代表概念的語詞，是否依舊一一具有原先的意義？（具有原先的外範和內涵？）我們會不會私下改動了語詞的意義？我們怎知參與我們一起討論的其他人，使用起同樣的語詞，也就具有與我們使用起來相同的意義？我們要怎樣比較？只是翻查字典辭書？（此舉通常沒有大用——即使我們追隨「牛津日常語言學派」）？還是比對大家懷有而使用中的殊多概念？我們要怎樣進行比對？回到事物？回到事情？回到我們的經驗？回到我們的語言？回到概念……?!

　　這是討論或研究一個複雜的問題時，我們經常遭遇的難關。現在我們在討論現代性和現代化。這些似乎是頗為複雜的問題。我們有沒有在有意無意之間，游移於事情事物、語言和概念三者之間？

我們需不需要小心加以檢討？

　　讓我們從語言的層次開始考察。

1. 乏晰語言觀：語用、語意和概念‧ 公衆語言和個人語言❷

　　讓我們這樣發問：當我們討論問題的時候，在爭持不下，辯駁難解之間，大家是否使用著同一種語言？我們自己思索一個問題的答案時，在反覆鑽研，轉折翻騰之間，前後是不是同在一個語言（或概念體系）之內？我們要怎樣決定是否同用一個語言？什麼叫做一個語言？甚至：什麼是語言？

　　在無關緊要的場合，在不是複雜的討論情境，上述的問題也許只是些枯燥無味的理論問題，甚至是一些令人生厭的無聊問題。但是，對於許多討論和思辨來說，上述的問題正是些暗中假定了答案的先決問題，而且所假定的答案會直接影響論辯的重點、進行方向和成果素質。在我們需要對事情事物、語言和概念三層次之交錯關係清楚區分的時候，通常是我們重新回顧語言問題的時候。

　　那麼，什麼是語言呢？廣義言之，語言是一種（表意的）記號體系❸。當我們將記號的種別加以限制，或者對於體系的性質做出規定，所成的就是一個一個比較狹義的語言。我們談論語言時，有幾個項目值得特別注意，並且加以重新檢討。

㈠記號體與記號：

　　在我們平常的想法裏，「記號」是個乏晰的概念。就以我們最熟悉的一種記號——中文裏頭的（單）字為例來說，它到底是一種什麼

樣的東西呢？它是抽象的，或是具體的事物呢？

比方，「蘇」這個字有許許多多的寫法和寫成後的形狀，包括傳統上的（大、小）篆、隸、楷、行、草以及各種雜俗書體之實際（有成例）寫法和推想上的理論還元❹。不但如此，同一字體還有許多「個人演繹」。現在，我們還有簡筆字「苏」。（可不可以寫成「苏」？）更有一個俗寫字「甦」❺！那麼，所謂「蘇」這個字到底是怎麼一回事呢？

我們採取的觀點是：記號是種抽象元目，不是具象的東西。字是記號，因此它也是抽象的，看不見，觸摸不著的東西。一般我們以為是字的，嚴格說來，只是字跡、字音、字樣、字影、字模⋯⋯等等❻。我們要將這類東西稱為「記號體」（它是記號的「身體」，不是記號的「靈魂」）。應用到字的情況時，我們可以名之為「字的記號體」（但不宜簡稱為「字體」）。從這樣的觀點看，每一個字都可以有許許多多的記號體。記號體一般是具象的，但也可以是抽象的。我們獨自思索時，內在的心象和概念都是記號，它們的記號體是抽象的元目。同樣的，在人與人（或人與其他「心靈」？）之間，「以心傳心」的溝通模式裏，所使用的記號的記號體也是抽象的❼。這樣說來，一個字的記號體是一個集（集合），並且經常不是個單集（只含一個分子），當然更不會是個空集（不含任何分子）❽。

比方，我們可以說「蘇」這個字的記號體集合如下：

$$「蘇」 = \{ a_1, a_2, \cdots \} \cdots\cdots(1)$$

其中某一a_i是「蘇」，某一a_j是「苏」，某一a_k可能是「甦」等等；甚至，某一a_m是說得不清不楚，聽來似乎是「ㄙㄨ」（或「su」）的

「蘇」，某一個a_n是寫得歪歪倒倒，看來似「蘇」非「蘇」的「蘇」，等等。

　　因爲這樣，上述(1)裏的「蘇」集，在理論上和在現實上來說，都是一個乏晰集而不是一個明晰集。也就是說，下列(2)和(3)都不必然是明確地眞或明確地假：

$$\text{對於任何一個} a_i \text{來說，} a_i \in \text{「蘇」} \cdots\cdots\cdots\cdots\cdots\cdots\cdots\cdots (2)$$

$$\text{對於任何一個} a_i \text{來說，} a_i \notin \text{「蘇」} \cdots\cdots\cdots\cdots\cdots\cdots\cdots\cdots (3)$$

當然這時的論域是a_i所在的語言裏所有號稱爲「蘇」字的記號體。也就是說，下列的(4)可能爲眞：

$$\text{對於某些} a_j \text{而言，} a_j \in \text{「蘇」並且} a_j \notin \text{「蘇」} \cdots\cdots\cdots\cdots (4)$$

論域同上❾。

　　這是語言在使用上很基本的乏晰性——分字上的乏晰性❿。不過這種乏晰性不是單獨分離存在的。它的生成有更加底層的基礎。

㈡記號的體系性與脈絡網：

　　只有一個單獨的記號，本身不可能構成語言⓫。語言通常是由衆多互有關聯的記號所組成。這種記號與記號之間的關聯並非整齊一致，而是多樣紛繁。我們只要看一看中文語句中，種類複雜，而且經常難以明確定性的語詞，就可以窺知一二。中文裏，有實詞，有虛詞；有說得出意義的詞，有只能說得出用法的詞；有實際指謂外界事情事物的詞，有只用來幫助語言內部結構的詞；有專爲幫助造句的

詞，有專為方便讀唸的詞；琳瑯滿目，不一而足。尤有甚者，詞品之分和詞用之別，對於語言中的所有字詞而言，既非互相排斥，也非共同窮盡。同一個詞在不同的語句中，所擔任的角色可能不同。有時某一個字詞在某一特定的語句中，到底充當何種功能，具有那一意義，也可能並不確定。不但如此，字詞的定性和用法往往取決於背後所假定的文法理論和語言規則⑫。因此，記號與記號之間的關係繁瑣複雜。記號的體系性多元而又乏晰。

我們平時談論語言的時候，往往不自覺地採取兩項方法上的步驟。在語言的構成基礎上，我們總是認定字是最基本的單位。在語言的表達功能上，我們總是注目於語言中的種種表詞的意義。注目於字的層面，本身並非什麼方法上的謬誤。同樣地，以為意義是語言之為語言的決定要素，本身也不構成錯誤。不過，我們不宜將語言過份理想化，把自然語言當作是人工語言來處理。世上一切事情事物都充滿多元標準和乏晰特性，尤其在所謂「自然種屬」（natural kind）的範圍內，更是如此⑬。這是有演化過程和可嬗變的事類和物類（事情事物）的特色。自然語言也屬於此類，它是一種有演化可嬗變的東西。（不只因為我們稱其為「自然」之故）。

從演化的觀點看，分字問題（什麼單元算是字的問題）並沒有絕對的標準。同樣的，語言之中，什麼項目具有意義和具有那一類別或那一層次的意義（比如「部首意義」、「字義」、詞義、句義、「文」義⋯⋯之分別何在，關係如何等），本身也無需只有一種理論根據。這樣說來，我們何從固定語言內的意義關係呢？答案是，我們無從準確明晰地加以完全固定，我們只能多面乏晰地局部進行。我們是在語言的使用過程中，有系統但卻不完整地固定語言的意義。而且更重要的是，固定了之後又再動搖，動搖以後又再求固定。語意

（語義）隨著語用不斷在演化，不斷在尋求守成中的創造，以及創造中的守成。這是語言的俗成性（conventionality）的精義所在。

有了這一層瞭解之後，我們就很容易看得出一切記號的體系性（系統性）的重要意義。任何一個記號都是在它所在的體系中，由其他記號的比照襯托和關聯結構，顯現出它的個別性和獨特性。當然，這種相對的個別性和體系裏的獨特性都是一些乏晰的概念。有些記號在體系裏比較「個別」，有些比較不個別（有些自己「站不住腳」）；有些比較獨特，有些比較不那麼獨特（比如，很容易由其他記號加以取代）。值得特別注意的是，這裏所說的記號體系也不是一個明晰概念。到底那些要素加在一起構成一個記號體系呢？語彙固然不足（可是連語彙一事往往都只能乏晰地加以標定）❹，加上語言規則是否就算足夠？那一類的語言規則呢？而且幾乎所有的語言規則都是乏晰規則。

不管一個記號體系怎樣標定，當記號體系的大小伸縮的時候❺，一個記號在體系當中的「關係值」（比如它的相對個別性和獨特性）也可能跟著改變。舉一個特例來說，因為一個字的意義是由體系中的其他字所界定的，當可用來界定它的語彙改變了，這個字的定義方式也就改變，定義出來的結果也可能因而改變。

所以我們追問一個字詞的意義和用法的時候，應該注意它的關係值，而不是它的「絕對值」。稱得上具有意義和用法的絕對值的字──具有絕對意義和絕對用法的字，其種別少之又少，絕無僅有。語言要達到不斷能重複地給人拿來應用的目的，一定少不了這些絕對值可演變而關係值卻能在體系裏保持相對穩定的語彙。

因此，我們不可將記號體系內的任何項目無條件地加以絕對化，否則就會減低這個體系的應用功能，最後縮短整個記號體系的生命。

如果爲了某種特定的目的（比如語文教育上的方便），我們可以策略性地採用絕對值。可是，這時我們只好認定記號體系裏的每一個記號，在原則上和在實際上，都容有多個絕對值，而且這些絕對值隨著記號體系的使用演化，能夠不斷增殖繁衍和生滅變化⑯。當然，這種多元多變的絕對值，從實質上說（不是從名目上看），就是我們所說的體系內的關係值（一種相對值）。不過，雖然兩者同質而異名，只是認識上見解上的區別，但是這樣的認識見解的異差卻常常誤導我們對問題的討論，尤其當我們的注意焦點游移在概念、語言和事情事物三個層次之間時，情況特別嚴重。

我們可以說，在此處我們所採取的是一種以語用爲主導的記號觀（語言觀）。比如，論及意義時，它採取意義的語用說（pragmatic theory of meaning）（比如像維根斯坦似的，「但問用法，不談意義」）⑰。這樣的記號觀（語言觀）和乏晰記號觀（語言觀）互爲表裏，甚至互相涵蘊。這也是我們要在此指出的重要論旨。

從語用的觀點看，一個記號的構成、功能和地位，當然是由它的應用脈絡（context）所決定⑱。記號的應用脈絡可分兩種：由記號所構成的記號（性）脈絡（語文脈絡）和不是由記號所構成的非記號（性）脈絡（非語文脈絡）⑲。這兩類的脈絡可大可小。一般來說，它比較容易定出下限，但卻很難標明上限。也就是說，我們對於（某一記號所在的）「最小脈絡」比較容易把握，但是對於「最大脈絡」就不易釐定，甚至難以想像。

就實際用途來說，我們無需訴諸脈絡的上限與下限。兩者都無法用來有效地標定某一個別記號的關係值。因此兩者皆無實用的價值。爲了發揮作用起見，我們總是在必要時不厭其煩，但滿意後就適可而止地採取一個易於把握，不難處理的大小範圍做爲實用的「參照脈

絡」。參照脈絡又是一種關係項目，而不是絕對事物，因為上述的「必要」、「滿意」、「不厭其煩」、「適可而止」、「易於」、「不難」、「實用」等等，全是些關係概念和乏晰概念。

　　每一個記號在使用時都有它的脈絡，記號和記號的重複使用，交叉使用，關聯並用，甚至平行活用的結果，使得記號的脈絡因而交疊重複，糾纏牽掛。脈絡之中有脈絡，脈絡之外也有脈絡；小脈絡組合而成大脈絡，大脈絡又可以分解而成小脈絡。人類的記號活動帶出數不清的記號的脈絡網。這種脈絡網開創出人類種種的文化結晶沈澱。每一個記號的歷時性質和共時性質都是在這樣的脈絡網裏標定出來的。

㈢意義與理解:

　　不理會哲學的存在論問題，暫時撇開化約還原的問題不談，讓我們隨俗地論說記號的「意義」問題。為了不過份早生結論，先入為主，我們先不要發問什麼是意義。讓我們假定大家都知道（或以為知道）意義為何物。也就是說，讓我們將「意義」當做是在我們的談論裏，不加界定也無需界定的語詞。（不過，本文不斷在宣說一種語用主導的理論。）

　　在一般的日常語言裏，有兩類表辭的意義似乎最不成問題，我們對這兩類的意義最有簡單的共識和清楚的瞭解。它們分別是: (1)指涉用語詞的意義[20]，和(2)語句的意義。從語用的觀點看，兩者在功能上具有極不相似，也不對稱的性質和結構。

　　只是為了例釋（而不是旨在發展意義理論），讓我們集中考慮（指涉用）語詞的意義問題。我們只考察一般所謂的「普通名詞」（通名）。

不問一個（名）詞（語詞）的意義到底是什麼，但我們卻經常有必要去闡釋一個詞的意義，或者比較兩個或多個詞的意義，甚至提議改動或修正詞的意義。我們為什麼進行這類（記號）活動？這類活動目的何在？旨在成就什麼？

有一種傳統的意義理論常常受人引用。那是一種「本質主義的」意義論㉑。根據這類的理論，一個語詞的意義就是該詞所指涉的那集事情事物所分別具有，而且又共同特有的性徵㉒。這樣的性徵就是所謂的「本質性徵」，這樣的本質性徵就是事情事物的「本質」（essence）。採取事情事物的本質來界定指涉該集事情事物的語詞，這樣的定義方式可以稱為「本質定義法」。採用這種定義法創出的界說，稱為「實質界說」（real definition）。值得注意的是，一個語詞可能容有不同的實質界說㉓。

這樣構成的意義論通常不是以語用為主導的意義觀，它通常也不是一種乏晰的意義觀。

不過，讓我們看看這種比較樸素簡明的意義觀，在什麼情況下變得問題叢生，左右為難。一言以蔽之，這樣的意義觀（以及擴而大之，以此為基礎的語言觀及記號體系觀）沒有照顧到我們知識的演化，生態環境的改造以及記號活動的轉型變遷之間的密切關係。它多少將記號體系靜態化和封閉化。它注重語言守成的規律性和規範性，忽略了記號體系的創造的俗成性和演化性。它也許注目變化中的規律，但卻沒有兼顧規律中的變化。它傾向於將語言看成一種「封閉系統」，沒有將記號當做是一種「開架體系」。可是人類的記號不僅開創了文化與文明，人類的記號體系也和他的文化文明同生共榮，一起演變。比如，如果所謂的「現代化」是一種有意性（意向性）的活動（文化運動），那麼不可避免地，它是記號體系演化的一環，因為一

切的意向性活動都是記號活動。

　　讓我們列舉一點細小的例子❷。我們都知道，直到現在我們仍然使用「鯨」或「鯨魚」在指稱生活在海洋中的某一種動物（自然種屬）。不過，我們也知道這樣的名稱，使用起來有時必須左躲右閃，無法理直氣壯。現在，我們如果說「鯨魚是魚」，固然貽笑大方；可是反過來，若說「鯨魚不是魚」是否也有點爲難？（在文法上，「鯨魚不是魚」很像「男人不是人」。當然也像「蠟人不是人」）❷? 我們生物知識的長進令我們進退失據，難道減智扮愚就解決了問題？如果這個問題只是語言問題，我們爲什麼不倡議進行文字改革，將「鯨魚」棄置擱淺，改用他詞？我們現在沒有這麼做，對中文的使用和發展有什麼不良影響嗎？

　　總之，從本質主義的意義論的觀點看，我們要怎樣說明「鯨」字的意義（尤其是意義變化）呢？鯨魚（不是「鯨魚」）的本質是什麼呢？我們要說，過去「鯨魚」自有它的（真正）意義（因爲鯨魚自有其本質），只是沒有人把握了它的意義（因爲那時人的生物知識有所不逮）？那麼，那時的真正意義存在那裏？不但如此，倘若過去的人，由於知識缺乏，不能把握「鯨魚」的真義，我們又怎知道現在我們能夠？我們怎知道我們現在信以爲是「鯨魚」的意義的，的確是它的真正意義？難道我們現在已經站立在知識的最高峰，擁有萬物萬象萬有萬無的絕對準確和完全精密而又無限完整的知識？

　　再舉一個更加微不足道但卻一樣可供深思的例子。這回舉一個表面看來不是自然種屬的東西的名稱。四、五十年前，全世界的黑板都是黑的（不但黑板，轎車也都是黑的）。那時，「（凡）黑板是黑的」真是一個顛撲不破的真理。那時「黑板」一詞的意義若含有黑色的性質做爲本質的一部份，絕不爲過，而且理所當然。可是，曾幾何

時，黑板慢慢變成「綠板」和「深灰不黑板」。直到如今，黑板中之黑色者鞋破難覓，絕無僅有。現在，「黑板是黑的」將要成爲一句必然的假話。這是怎樣一回事呢？黑板變了？知識變了？技術變了？習尚變了？文化變了？語言意義變了？我們人類變了？全部都是！我們甚至可以說，我們現在的黑板「現代化」了㉖。

所以，我們要特別指出，意義不是獨立的事。記號的意義在記號體系裏決定（明晰決定或乏晰決定）。可是我們的記號體系又與其他方面的文化和文明相涵互生，同消共長。我們（對世界）的知識以及我們對事情事物的理解，全都構成記號意義的構型、變化、再定型和再變化的互爲因果的互動條件。記號意義是文化傳統裏的事，而文化傳統又是在記號意義的尋求裏結晶沈澱的結果。

化簡來說，一個語詞的意義和我們對該語詞所指涉的事情事物的理解，兩者之間具有不可分離的關係。不但如此，兩者都是體系性的關係項目，而不是獨立於任何體系之外的絕對存在；同時，兩者都不斷地在進展演化的過程中，而不是固定封閉，萬世不變。兩者進展互動，牽連演化。

從個人的觀點看，理解事情事物就是一般所謂對事情事物建立起一套（一體系的）概念㉗。因此，從個人來說，意義與概念雖然有所區別，但卻難以分開。也可以說，個人知識的長進和他用字遣詞的精緻是可以等量齊觀，相提並論。

㈣公衆語言與個人語言：

記號體系是俗成的文化產物，它是人類申意遂願的社會公器；不僅如此，它也是我們理性和感情的生成基礎與證立根據㉘。從這個角度看來，記號透過意義的開發和成長，彌漫在人生的每一個角落，鉅

細靡遺，無孔不入。人類通過這種（廣義的）語言公器創造了集體意識，也創造了集體的潛意識。在同一個文化傳統裏，衆人不只操說同一種語言，具有同樣的情意條理和知識規律；他們也編織同樣的夢（眞正的夢，不只是夢想的夢或白日夢的夢），具有同樣的幻想和同樣的壓抑。語言幫助人類營造集體生活，使人變成社會的動物❷。

　　可是從另一方面看，人類的記號體系也朝著相反的方向在塑造人性和開發文明──朝著離群、反集體、反社會、個體化（個人化）、個性化，甚至奇特化、怪異化和弔詭化以及所謂的「諷刺性」化（「自打嘴巴」化）。人類活創活用語言，同時開拓這兩個表面上看來背道而馳，但實際上卻互補相成的功能向量。這是人類記號體系的獨特性，也是其他動物的記號活動所望塵莫及的地方。我們可以簡單地說，人類在自己的記號體系內，（除了順應遷就，乘勢經營之外），因抗命而創新，由違規而成就。人善立法（萬般諸法），也善破法。這是人類記號活動的特色，也是人類文化發展的獨特性，更是人類文明多姿多彩的根源。（我們是不是也要放鬆一下我們的語用直覺，乾脆這樣說：比起其他的動物，我們人類的文明之所以多姿多彩，就是因爲我們的語言有了「現代化」之故？）

　　正像人類的知識雖然是集體公有的，可是人類的認知卻是個人自己的心思歷程。同樣的，我們的語言是人類社會大家共同擁有的公器，可是語言的使用（記號活動）卻是個人自己說理表情的歷程，是一個人塑造和發揚他的人性的歷程。一個人怎麼「說」，他就是什麼「人」；因爲他怎麼說就怎麼活，怎麼活就怎麼說❸。

　　所以，從語用的層次看，語言總是在不斷的「個人化」和不斷的社會化的交互作用的演化歷程中。語言的俗成性有它多元的機制，但是一旦加以分析，都要追溯到人類集體中的個人的有心倡導或無意立

例（建立榜樣）；成例演成慣例，習俗變做規範；遵從規範衍生新章，違背習俗開拓新義等等，循環演進，長流不息。

記號體系的個人化開創出種種意義種別和種種等級程度的「個人語言」（或稱之爲「個人化的語言」）。這樣的語言，從語用的觀點看，並沒有脫離公衆的語言，它只是公衆語言的「個人版本」。不過在其他方面，比方在語音上，在語法上，甚至在語意上，它可能隱藏涵蘊著記號體系內部的創新；甚至明目張膽地進行著改弦更張的革命。（當然，語言的「個人版本」在大多數的情況下，只是無關宏旨的慣行例用而已）。

從知識增長，情感提升和其他文化創新和文明進步上看，個人語言的效能應該加以鑽研正視，因爲在很重要的關鍵上，個人語言的發展傾向深刻和精緻，不像公衆語言容易流於庸俗與平凡。人類文明上的許多重要成就，包括文學的、藝術的、科學的、政治的、哲學的和宗教的，起先都始於個人語言的開拓經營，靈感創造。人類通過自己的個人語言發展（個體的）個性，他也進一步藉著個性的創造、開拓和普及推廣成就了文化裏的獨特成果和文明上的非凡成就。通過個性的發展去開拓文明成就，這正是人類文化的一大特色。

個人語言和公衆語言之間的關係雖然千絲萬縷，然而兩者之互動相生則是顯而易見。不過兩者互相施加的壓力和向量往往不同。基本上，這是普及文化導向和精緻文化導向的粗略分野。在人類的文明史上，我們看得出有些時期個人語言澎湃洶湧，那是創新的時代；有些時期公衆語言昌盛無敵，那是守成的時代。也有時候兩者你消我退，那是衰敗沒落的時代；也有時候兩者你推我擁，那是多元豐盛的時代（二十世紀末葉就是）。當然，這樣的劃分不但是乏晰的，而且彼此並不互相排斥。因爲文化文明紛雜多元，而記號語言又廣含全包。一

方面的消長並不一定對應於另一方面的進退。也因此，我們可以發問，像「現代」和「現代化」這樣的語詞，在某一個使用脈絡裏，到底屬於那一個公眾語言的語彙，或屬於那一個個人語言的語彙。它們屬於一般通俗語彙，或屬於特殊的精緻語彙。（同樣地，在下一節裏，我們也可以比照地發問：那樣的語彙，在某一用法裏，到底屬於「大語言」的語彙或「小語言」的語彙；它們是一般語彙或專門語彙？）

淺言之，像「現代化」這樣的字眼，即使具有它本身的意義（意義絕對值），我們使用起來大家有沒有共同的理解。我們對於現代化（不是「現代化」）是否具備同樣的知識、信念和期待，正好像黑板的例子一樣。

2.　大語言與小語言❸

記號的意義值雖然是體系內的關係事物，一個記號的意義是在體系內其他記號的比對陪襯之下，才能給人加以闡釋，界定，釐清和改動（訂正）。可是我們必須強調下列幾點：(1)記號性脈絡和非記號性脈絡之間沒有嚴格的界分。必要時（常常一認真討論，就引來「必要性」），我們可以將非記號性脈絡當成記號性脈絡來處理。（比方把外存的條件處理成為問題的背景假設命題或基本假定命題）。(2)因此，所謂自然記號和人工記號之間的分別也不明晰。兩種記號皆是記號。它們雖有「自然的」區別，但是必要時，可以相提並論，不加割分。(3)因為，所有的記號體系都可以不斷地向多方面和多層次擴充發展，拓張疆界；這就是說，每一個記號體系，每一種（自然）語言都是開架體系而不是封閉體系。(4)雖然如此，為了特定的目的和需要，

我們動用一個語言時，我們往往無需（也不可能）動用該語言的整個體系。我們往往依照需要，到處點狀開始，推展到適可而止的立體和平面。遇到難題困境，才檢討此種策略，以及進一步採取必要的補救步驟。（事實上，這也是語言乏晰性的一大根源）。

由於人類興趣的分化，由於注意力的集中以及對事情事物的觀察入微和分析透徹，特別是由於有創發性的個人語言的激盪風行，於是在我們的記號體系之上，產生特別的記號體系；在我們的語言之外，發展專門的語言。相對於廣大無邊的記號體系來說，這樣發展出來的體系具有比較確定的運用對象和操作目的，不像原有的體系那樣無所不包，兼雜萬用。為了區別，我們要將這類功能比較明定的記號體系稱為「小語言」；而將萬用兼包的體系叫做「大語言」。

一般說來，我們的自然語言，隨時隨地加上必要的添加和擴充之後，在我們的文化傳統中扮演著大語言的角色。另一方面，在這樣的大語言之上，有種類繁多的小語言此起彼落，比美爭輝。其中有的小語言曇花一現，沒有在我們的文化傳統裏久駐；另外有的卻在文化傳統裏開花結果，蔚為奇觀。藝術的語言、科學的語言、宗教的語言、數學的語言等等，都是影響人類文化深遠，開創人類文明的小語言。

當然，大小語言之分是相對的。小語言之內可以另有小語言；正好像大語言之外可以另有大語言一樣。不過，大小語言之分並不等於公眾語言和個人語言之別。大語言和小語言全都可以有公眾「版本」和個人版本。

從文化開展和人性演化的角度觀之，種種的小語言擔當著舉足輕重的角色。可是，小語言並非自絕於大語言，獨立扮演生成人類理性和塑造人類感情的角色。小語言和大語言雖然容易區別，但卻難以分開。小語言通常首先改造大語言，接著由大語言肩負改造人類理性，

改造人類感情，演化人性的工作❸❷。

　　爲了有助我們論題的分析，讓我們觀看兩類（不是兩個）小語言的功能角色，以及它們如何滲透到大語言之中，重構再造大語言，並且進一步加強和修訂大語言的成就人類理性的功能和塑造人類感情的作用。

　　首先，從成就人類理性的功能看，古來哲學的語言（相對而言是小語言，下同）、數學的語言（比如幾何的語言）、文學神話的語言、宗教的語言，接著是邏輯的語言、文字修辭的語言，接著科學的語言和科技的語言，加上現在電腦的語言（尤其是人工智能的語言）以及工商經濟的語言，全都曾經以不同的重要比例和參差不齊的配列情況，左右我們的記號體系和日常語言（我們的大語言）。這些小語言有的頗爲成功地改造了人類日常的語言：豐富它的語彙，修訂大語言原有語彙的定義，提供語言體系內的基本命題（有的變成俗語、典故、名言、成語等等，充當一般述說論辯之假定和依據等等）。這樣經過小語言的洗禮而蛻變出來的大語言，進而孕育出人們的說理方式和論證安排。不同的時代，人們出以不同的假定，憑藉不同的機制，使用不同的「成例」去討論問題和獲取答案，其道理大部份在此。他們使用著具有不同的顯性論說機制的語言。可是，在這語言之後，或在它如此成型定案之先，卻有一些注重人類理性成長的種種小語言，在那兒衝擊激盪，呼風弄潮。

　　舉例來說，十七世紀以來的現代科學之發展開拓，日積月累地構作出一種頗爲明顯而易於指認的「科學語言」（小語言）。這種語言有它特定的選取語彙的辦法，有它定義語彙的方式；它與其他某些小語言（如「數學語言」）親和密切，但卻遠離甚至排斥另外的小語言（如「宗教語言」）或從大語言中排除某些成素（如超自然神靈成

份）。它建立自己語言的基本命題（比如機械論和「唯物論」（物質一元論）的根本假定），並且定下規則（小語言內的文法規則）約定命題與命題之間的演證關係（比如實證論那建立「高層」命題的法則）。這樣的語言在科學社群中構作流行，但卻超越科學活動的範圍，滲透到日常語言（大語言）之中，引起語彙上、文法上和語用上的廣泛而深入的改變。如果我們細心調查，在我們日常語言體系當中，有多少語彙源出科學語言；另外有多少其他方面的舊有語彙，被新興的科學語彙從日常語言的體系中排擠出去，不再躋身於我們平時的常用語彙的名單之內。除此之外，我們日常的多少「說法」是根源於科學語言的「邏輯」，或者直接模仿借用科學語言體系內的說法。（比如，五四時期那所謂「拿出證據來」的主張，是不是以科學語言中的給證規則，做為典型和範例？在孔孟的時代，這句話會怎麼說？它會是什麼意思？）

經過科學語言的浸潤滲透和沖刷洗禮之後，如今我們的大語言，比起從前，已經大大地改頭換面（語彙極為不同），甚至脫胎換骨（連運作規則和內部成例都大異其趣）。這種語言所標立出來的理性，大大有別於不滲加科學成素的語言所釐定出來的理性。人類的理性在演化，它隨著語言的演化而演化。

今天，我們可以道說「科學理性」，那絕非空穴來風，牽強附會。我們的大語言受了科學語言的「無情」衝擊之後，遺留下來的就是滿目科學烙印，到處實證「傷痕」的語言。通過這種語言生成的理性，怎能不是科學理性。

不過，人類語言的演化不會無故中止，人性也不斷在跟著繼續演化。現在，除了科學語言之外，還有其他強有力的小語言，正在通過我們的大語言，在搖動震撼我們的理性。我們應該留意這樣下

去可能成就出來的理性。比如，「科技理性」、「工商經濟理性」和「電腦理性」等等。當然，這些理性不一定互相衝突；可是它們也不一定融和一貫。人類可以有矛盾理性！人類也可以有多元理性。

　　接著，讓我們看看塑造人類感情的小語言。這層次的語言功能比較明顯而易見。

　　自古以來詩歌、舞蹈、戲劇、音樂、繪畫、雕塑等等廣義的文藝性的記號活動，一直扮演著表達感情，震撼感情，滌蕩感情，昇華感情，導引感情和重建再構感情的種種功能。這些記號活動慢慢集中分化，精進深刻之後，形成種類繁多，有時和其他記號活動互相結合加強的記號體系。比如，現在我們不但有傳統而古典的種種「詩的語言」、「歌的語言」、「舞蹈語言」、「戲劇語言」、「音樂語言」、「繪畫語言」、「雕塑語言」……，還有「建築語言」、「攝影語言」（或廣義的「影象語言」）、「電影語言」等等。這樣的小語言彼此並不互相排斥，而且小語言中有小語言（比如今日藝術圈裏的多媒體的語言和種種配列的所謂3－D藝術的語言——我們有一天也許可以有各種4－D藝術語言，端看那另外一D是什麼而定），小語言與小語言之間也可以有另外的小語言（比如國畫山水和漢字書法結合的綜合語言）。這些小語言以各種形式滲入我們龐大的記號體系（大語言）之中，指導著我們感情的演化，塑造人類的感情面貌。

　　我們必須在此立即補充幾點說明：⑴事實上這些小語言不只（通過大語言）在塑造我們的感情，它們在更廣泛地塑造我們的感覺（和觸覺），引導人類一切感性（不只感情）的演化。比如，音樂的語言不僅重複我們人類聽過的聲音，將它加以重新安排；它更引導我們聽到以前聽不到的音色和構型。音樂語言開闊並且深化了

我們的聽覺。並且它進一步將聽覺這一感性成素串聯到我們塑造感情的記號活動之上，使我們不僅聽到聲音，而且「聽」到意義；不只聽到新穎的聲音結構，而且「聽」到深入的感情層次和內涵㉝。同樣地，繪畫語言開導我們的視覺，深化我們這方面的感性，把我們「看」的層次提升。不但如此，這些塑情的小語言在互相比擬，交相加強之下，更能塑變感性，交換感覺（比如視覺和聽覺之間的比擬，觸覺和視覺之間的翻譯等等），豐富了人類記號體系的實質內涵，也演化了記號體系的形式結構。(2)我們說「塑造感情的語言」，這是由語用層面來說的。一個「塑情語言」，在功能上也可以同時是一個生成理性的「成理語言」。不過，我們已經說過，小語言往往有比較特定的專注對象和開展目的。這是我們文化走向專業，走向深層的分化過程的一部份。當然，在專業化之間，我們仍然可以計慮一般性；在深層考察之餘，我們也可以旁觸普遍性。在分化的過程中，我們依舊產生各種等級，各類層次的整合和統攝。所以，塑情的小語言，在適當的情境之下，特別是幾類語言結合起來，往往也參與改造人類的理性。也就是說，我們可以設想，不僅有音樂語言塑造出來的感性和感情，也可以有它改造演化出來的「音樂理性」。巴斯卡曾說："The heart has its own reason, of which the reason has no knowledge"（le cœur a sěs raisons, que la raison ne connaît point）。放諸塑情的語言，道理也是如此。(3)我們一直強調：不宜太過強調自然記號和人工記號之間的截然區分。在成理的語言裏，這個重要性表現在自然脈絡和自然記號在科學語言以及科學理性中的獨特地位。（我們只要比較一下科學語言和童話語言的分別——選擇語彙上的不同，基本語句的差異，「文法」規則的懸殊等等，就能理會了然。「神話語言」則介乎兩者之間）。論及塑情語言，自然記號和自

然記號脈絡，以及兩者的「人工化」及人工處理，都變得不可或缺，無法化簡忽略。比喻而花式地說：人類的理性也許來自空靈的天上，可是人類的感情卻長在泥土的大地❸。

人類的感情是感覺的產物，是由肌膚的感覺逐步演化而成的。而人類的感覺決定於人類的生理條件和生態環境。所以追溯到長遠古老的生成因果線索來看，自然的記號和自然的記號脈絡，比起後來的人工記號及其脈絡，更是塑造人類感情和演化人類感情的溫床。（也因為這個關係，塑情的語言更需要講究形象化；並且反過來，講究形象化之後，令一個語言更加具有塑情功能）。

我們可以細心觀察各種塑情的小語言，特別是注意它們的個人版本。追察自然記號在它們語彙中所佔的地位，考察自然記號如何在記號體系裏加以人工化，研究這類語言的產品的「展出擺放」的佈置安排等等。我們會發現，不但在起源上，就是在成品的展示上，塑情的語言都必須打破人工記號的固有疆界，進入自然記號的範疇和脈絡❸。

從這個觀念看，我們就不難明白自然記號為什麼不斷改頭換面地進入塑情語言的語彙。我們可以說（有意局部放大來說），有的塑情語言是「月亮的語言」，有的是「川河的語言」，有的是「雷雨的語言」，有的是「人體的語言」（特別是「女體的語言」）❸。

我們可以有理由地發問（設法引出一個假設主張）：起源於黃河流域的中國文化，在感情基礎上，到底是那一種塑情語言，令中國人的心靈迷蒙著一片悲愴荒茫的情調？在潛意識裏，我們是否仍然保留著「月光的語言」和「洪水的語言」❸？

3. 現代化與「現代化」

表面上看來，現代化和「現代化」的區別再明顯不過了。一邊是某些事情事物，另一邊是用來指涉這些事情事物的語詞。可是兩者的關係是什麼關係呢？在什麼語用或語意條件下我們可以說「現代化」這個語詞是給人合情合理地應用來指涉那些事情事物呢？或者，反過來問：那些事情事物各自，或共同，具備了那些條件，我們才可以說合情合理地被叫做「現代化」？

讓我們首先試問一下現代化這一端。我們雖然指說，現代化是某些事情事物。不過，那到底是某些或是某種（某類）？（大概不至於是某一件或某一個。若是這個答案也無妨）。它到底是事情（事件、事態），或是事物（事項、東西）？如果是事情，那是事情的過程，或是事情的結果？如果是事物，那是具體的事物或抽象的事物？不僅如此，那些或那種事情事物到底是些自然種屬或是些邏輯類別？它們會不會改變，會不會演化；或是一經定義也就清晰明確，死板固定？這些問題似乎沒有簡單明白清楚了然的答案。我們需要繼續尋思，不停爭辯。

回頭再看「現代化」這一端。我們雖然指說它是個語詞。但是它是一個什麼樣的語詞呢？它屬於那一種語言的語彙？它是那一個語言的語彙？它是我們大語言裏的語彙，或是小語言的語彙？如果是大語言裏的語彙，那是我們自己文化傳統裏的大語言的語彙，或是他種文化傳統中的大語言的語彙之翻譯？如果是前者，它原來怎樣定義？現在我們是否仍然維持該定義，或者要重新定義？如果是後者，我們怎樣移植原來語言中的定義？不管怎樣，我們所採用的定義是不是實質

界說？或者我們採取語用主導的乏晰意義論，給與一個適如其份但卻可以追隨用法不斷演化的「脈絡界說」？反過來看，假定「現代化」不是出於大語言，而是源於小語言，那麼它是那一種小語言裏的語彙？它是那一個小語言裏的語彙？成理的小語言？中國的？外國的？其他？塑情的小語言？那一個？我們一樣可以繼續追問，不斷明辨。

在中文裏，「ｘ化」是個頗爲奇特，又非常怪異的名詞。它的意義的約定性可能高過俗成性。也就是說，它可能是小語言裏的語彙；它的用法的紛雜性可能多於一貫性。這表示，它可能來自不同的語言，是多個語詞的化身。

我們看看中文裏頭的「化」字。合乎上述的用法的，一般解釋爲「改變」或「變易」。因此「ｘ化」可以解釋爲「（改）變成ｘ」。可是只是這樣的孤立的語意闡說並沒有照顧到實際用法的脈絡。我們沒有將「ｘ化」和「（改）變成ｘ」和它所在的記號脈絡（和可記號化的脈絡）參照對比，浮現出兩者在體系內的關係值。比方，讓我們首先這麼發問：下列的(10)和(11)是否同出於一種語言（或一個語言）？

$$y（很）x 化\quad\cdots\cdots\cdots\cdots\cdots\cdots\cdots\cdots\cdots\cdots\cdots\cdots\cdots\cdots（10）$$

$$y（改）變成（很）x\quad\cdots\cdots\cdots\cdots\cdots\cdots\cdots\cdots\cdots\cdots\cdots（11）$$

會不會(10)出自某一語言（比如社會政治語言或思想史語言）而(11)卻來自一般的日常語言。當然，同爲中文，(10)可能已經被吸收到(11)所在的記號體系裏（或至少被翻譯收納）。不過，問題是原來在(10)裏，「ｘ化」可能係專門語彙，可是在(11)裏，「（改）變成ｘ」卻是一般日常語彙。（或正相反）。如果是這樣的話，(10)和

(11)就不是絕對同義，(11)可能只是(10)的俗用俗解（匹夫匹婦對秀才專才的理解）。所以(11)不是對(10)在同一語言體系內的翻譯。我們也許可以單向翻譯，因為一方的語彙已被收納到另一方（收納並不表示兼融，更不代表一貫，我們經常可以在大語言中生吞活剝小語言的專門語彙，硬綁綁地說話——「硬綁綁」說話，往往是硬著頭皮講話！），但是無法順利無礙地來回雙向翻譯。

比如，讓我們順手將(10)和(11)加以「實質化」，把其中的變數填上實質內容（為變數賦值）：

美國（很）現代化 ……………………………………………… (12)

美國（改）變成（很）現代 ……………………………… (13)

(12)和(13)是不是很準確的彼此對譯呢？假定有一位中文「語感」很好，但卻為人脾氣很壞的人（大概是老先生），聽了(12)，發難說：什麼化不化，簡直不通不化！（這位老先生大約是廣東人，因為「不化」一詞正在進入，但卻尚未完全進入現代國語的語彙中）。對此，我們要怎麼反應才好？（回答可能無濟於事，因為大家可能操說不同的小語言，至少不同的個人版本）？

讓我們繼續略作分析。上述的(12)和下列的(14)有什麼分別？

美國是個很現代的國家 …………………………………… (14)

或者這句話和下列的(15)怎樣區分？

美國是個很現代化的國家 ………………………………… (15)

或者下列兩句的差別何在？

美國是個現代國家 ……………………………………………………………… (16)

美國是個現代化國家 …………………………………………………………… (17)

注意上述的(12)和(13)若沒有「很」字，則分別變成下列結構奇特
的語句：

美國（是）現代化（的）……………………………………………………… (18)

美國（改）變成現代（的）…………………………………………………… (19)

如果結構奇特但卻可釋可解，有可能是因爲我們自覺或不自覺地將
它們由某一語言移植搬弄到另一語言之中。

　　只是找一個小例子輕輕代入上面的(10)和(11)就招惹這麼多麻
煩，看來的確是「化」字在作怪。那麼讓我們再回頭，比較仔細一
點看一看(10)。讓我們這樣重新開始發問：爲著要令(10)成立（爲
眞，說來有理等等），我們是不是要假定下列的(20)成立？

y 曾經（或者現在仍然）不（太）x ………………………………… (20)

它要不要進一步假定（或期望）下列語句成立？

y 可以（有可能）變成（很）x ………………………………………… (21)

我們一般使用的大語言對這些問題沒有明確的答案。事實上，在一般的日常語言裏，甚至連上面所說的「假定」到底爲何物也不甚了了，欠缺明顯可以遵循的語用「規則」。（我們通常是在小語言裏，比如在邏輯語言中，將這類的語用規則加以建制化）。比如，假若下列的(22)成立，那麼我們要怎樣評說(10)？

$$y \text{ 生來是 } x \qquad (22)$$

(22)和(20)是不是有衝突（先不要說是否「矛盾」❸）。如果有的話，那麼，雖然下列的(23)成立，因爲它可以由(22)推論出來：

$$y \text{ 是 } x \qquad (23)$$

但是上面的(10)卻不成立，如果它假定著(20)的話。

　　舉個淺顯的例子。假定有個國家一建立就是現代國家，它完全依照現代國家的藍圖建成的，那麼我們是否無法「自圓其說」地在那個國家推行現代化運動？否則，我們豈不是在捉捕烏有，玩弄子虛，談論亡是。

　　當然我們可以不以爲然。第一，y 生來是 x，所以它是 x，(22)涵蘊著(23)。但是，y 也可以跟著「淪落」變成不是 x（或不太是 x），因此，(22)和下列的(24)並不衝突：

$$\text{現在 } y \text{ 不（太）是 } x \qquad (24)$$

如果是這樣，上文所發問的問題，有的仍然可以略加改動，繼續追

究。比如，(10)是否假定(24)。當然(24)與(20)不衝突，兩者加起來（大語言的用語；使用邏輯語言就說成兩者的「合取」，或兩者的「合取句」）也許為(10)提出更強烈的語用假定。其他問題類推不贅。

第二，y 可以某方面是 x，但另外某方面不是 x；或者由某一標準來衡量是 x，但用另外的標準看來就不是 x 等等。的確，有的國家這方面（很）現代，另一方面就不（很）現代；有的國家從先進國家（慣用）的標準看來不（很）現代，但從「後進國家」（現代用語和「現代化」用語，約等於非現代用語的「落後國家」）的標準來看就不算不（很）現代。如果是這樣，我們只要將上文的(10)和(11)，加上條件限制，改寫如下：

> 在 z 方面，y（很）x 化 ·································(10′)
> 在 z 方面，y（改）變成(很)x ·······················(11′)

或者改寫成：

> 根據標準 A，y（很）x 化 ···························(10″)
> 根據標準 A，y（改）變成(很)x ······················(11″)

以上我們所發問的問題仍然依樣可以繼續發問，只是加上上述的限制條件而已。

第三，我們可以說在(10)和(11)，也一樣可以說在(10′)和(11′)以及(10″)和(11″)裏，所謂 x 不一定是些明晰確定的事情或事物，它可能是混含乏晰，甚至可能變移演化的事情或事物（演化變移可

以是「順」著某一方向，也可以是「逆」於某一方向）。那麼，從
(10)直到(24)（以及從(10′)到想像的(24′)以及從(10″)到想像的
(24″)）全都不是成立或不成立，而是在多少程度上成立或不成立的
問題。事實上，我們已將那些語句寫成多少具有這點涵義。我們所
關心的事情事物可能是些乏晰集合，我們用來指涉這些事情事物的
語詞可能無法出以本質主義方式的界定。所以，我們寫下的是上文
的(10)、(11)和(20)與(21)等等，而不是如下的對應語句：

$$y \ x \ 化 \ \cdots\cdots\cdots\cdots\cdots\cdots\cdots\cdots\cdots\cdots\cdots\cdots\cdots\cdots\cdots\cdots\cdots\cdots (10°)$$

$$y（改）變成 x \ \cdots\cdots\cdots\cdots\cdots\cdots\cdots\cdots\cdots\cdots\cdots\cdots\cdots\cdots (11°)$$

$$y 曾經（或者現在仍然）不 x \ \cdots\cdots\cdots\cdots\cdots\cdots\cdots (20°)$$

$$y 可以（有可能）變成 x \ \cdots\cdots\cdots\cdots\cdots\cdots\cdots\cdots\cdots (21°)$$

比如，現代化可能只是等級程度問題（「乏晰現代化」）。我們所
說所論都在0與1（或0/100到100/100）之間，從「零現代化」直到
「壹現代化」（本身是很現代化的語詞。同組語詞的更現代化版本
是「φ現代化」和「1現代化」這個版本）。加上，我們考慮那一方
面，那一層次，那一範圍，那一標準的種種脈絡條件，現代化這個
概念似乎只能是乏晰概念，「現代化」這個語詞大約不可能是具有
明晰意義的語詞。

　　這是上文發展出來的記號觀（語言觀）的一個小小的「系定
理」，那是乏晰語言觀不可逃避的一個小小的論結。（當然(10°)是
(10)的極端形式，等等。）

　　最後，再讓我們回顧一下「化」字，研究一下「x 化」這樣的
語詞[39]。我們可以這樣發問：是不是對於任何的方面 z，對於任何的

事情或事物 y，對於任何的性質或屬性 x，我們都可以很有意義地談說是不是(10′)成立呢？顯然不是。我們通常不會發問像下列的語句是否成立：

在發音方面，他的皺紋很天文化⋯⋯⋯⋯⋯⋯⋯⋯⋯⋯⋯⋯⋯(25)

我們根本不知怎樣判定(25)的意思，更不要談它是否成立。

　　所以我們要注意上述 x，y 和 z 分別來自什麼論域（討論界域，數學名詞是「個體域」）。尤其要注意當以上三個論域之一決定了之後，另外兩個論域怎樣決定。（或者其中兩個決定了之後，第三個論域怎樣決定）。不但如此，我們還要進一步考察 x、y 和 z 三者，是否存在著某些「邏輯」關係。比如，對於任何的 z 而言，某一個 y 和某一個 x 不會令(10)成立。比方，不管我們談論的是那一方面，一個男人可以是（很）女性化，可是一個女人就不能稱為女性化。（一個女人當然可能（很）男性化。這令我們想起上文的(23)或(24)。）現在是女人的，談不上女性化；同樣的，現在是現代的國家，談不上現代化。（我們若將這些語句「乏晰化」，將「女性化」和「現代化」等級程度化，結論也一樣。比如，如果一個人是0.8女人，我們也談不上她的0.8女性化）。

　　而且我們常常要談論同一個 y 的多個 z 的同一個 x。比方，同一個國家的多方面的現代化。因為只有這樣才能令(10)成立。比如，多方面現代化的國家才是現代化國家。這時，這些（多）方面是否可以在目前或可見的將來在一個國家同存共榮，不悖不剋地發展出來？這點常常必須在經驗裏取證，無法在概念上發揮。這點不僅適用於國家社會或個人的現代化，也適用於宗教、思想學說和語言等等社會建制

的現代化。比如，佛教可否現代化？儒學可否現代化？共產主義可否現代化？中國語文可否現代化？

4. 現代性與「現代性」

現代的人喜歡談性，這是古老的人所避免談的東西。現代人的大語言裏，「ｘ性」是重要的語彙；它也不是古老的大語言裏的常見字詞。從這個角度比較觀察，我們可能得到一個頗爲鮮明的印象。我們當今的大語言很受某些小語言的衝擊和滲透。可是那是那些小語言呢？

就性而言，或者就「ｘ性」這類語詞來說，笛卡兒式或本質主義式的意義論和語言觀，以及建立在此一基礎上的哲學思想及其他理論結構（包括宗教上的，藝術上的等等），顯然通過我們的大語言的成理功能，根深蒂固地創造和維護著人類二十世紀的理性。我們根據這種笛卡兒式的理性，明辨是非，判論對錯，安排生活，開拓文化。

讓我們發問：不論ｘ是什麼，是不是凡是ｘ皆有ｘ性呢？表面上看來，這是一個無甚意義的問題。因爲如果處理不當，它變成乏味無益的文字遊戲。

首先我們可以說像下列的(26)一定成立：

凡 ｘ 皆有 ｘ 性‧‧‧(26)

理由可能是：如果不具有ｘ性，我們就不會稱它爲ｘ。到這裏，一切皆停留在語言定義的層次。但是，如果我們進一步發問，是不是只要我們將某一類的事情或事物稱爲ｘ，它們就必定具有ｘ性呢？顯然不

是。我們可以將 x 稱爲「 x 」；我們也不難將不是 x 的，也稱爲「 x 」。這種現象不一定由於我們有意指鹿爲馬，我們也常常無知地視鯨作魚。所以，我們必須走出(26)的層次，比較更進一步地追察事情事物的性的事。

我們說人有人性。這話聽來合理又舒適。可是如果我們說黑板有黑板性呢？似乎有點其妙莫名。如果我們說現代有現代性呢？我們很可能在大語言裏無詞以對，必須尋找或發明一個小語言來處理。假定我們更進一步，勇往直前地說現代化有現代化性呢?!（我們拒絕在此認眞討論這個問題，唯恐下一個問題是現代化性是否具有現代化性性!?）

我們提過人性的假設主張（參見《人性・記號與文明》）。它可以歸結爲人性演化論和記號人性論。我們也討論過乏晰語言觀，意義和理解（或知識）的關係（第1節），以及我們可能同時使用著某種大語言和多種小語言（第2節）。現在讓我們在這些背景之下，討論現代性和「現代性」。

第一，讓我們想像「現代（的）」這個語詞的用法。到底有那些事情事物可以稱爲是現代的或不是現代的？我們可以說「現代人」，「現代家庭」，「現代社會」，「現代軍隊」，「現代國家」，「現代世界」；我們也可以說「現代頭腦」（「現代思想」），「現代制度」，「現代科技」，「現代政治」，「現代管理」等等。不過，我們甚少說，甚至不說「現代呼吸」（可以說「現代呼吸法」），不說「現代走路」（可以說「現代交通」），不說「現代血統」（可以說「現代父母」），不說「現代眼睛」（可以說「現代眼鏡」或「現代眼光」），不說「現代光」（可以說「現代燈」），不說「現代雲」，「現代雨」，甚至也不說「現代月」，「現代星星」或「現代

太陽」。

從這類的觀察，我們知道不論「硬體」或「軟體」都可以給人稱作是現代的或不是現代的。但是，為什麼有些事情或事物我們不名之為現代或非現代呢？表面的答案似乎決定於變或不變。比較準確地說，決定於我們是否感受認知到變與不變，以及是否把這種變與不變當回事。（被人不當回事的變，有時對那些人而言簡直等於不變）。

如果這個觀察不錯的話，那麼這樣所謂的「現代（的）x」過去可能並不是x，或並不是這麼x；並且，我們似乎沒有理由相信可以變易的x，變到今時今日就停止不變，固定絕對。假如，可能繼續演變下去的話，今日的x（也就是「現代（的）x」）將來可能不再是x，或不再是這麼x。如果現代人不同於以往的人，未來的人可能也不同於現代人。我們沒有理由假定萬事萬物的變化全是朝著同一方向，具有同一目的，帶著同樣結果，出以同樣速度等等這樣地以相同等值的變化參數，在改變，在演化。相反地，經驗告訴我們，萬物的變化紛繁雜錯，無法齊觀等量。古代國家到現代國家的演化，古代「科技」到現代科技的嬗變，兩者之間並沒有相同等值的變化參數。所以，我們不能因為現代人、現代國家、現代軍隊、現代藝術、現代哲學等等，全都是現代的，因此它們也就全都具有一些共有並且特有的現代本質，具有一種現代性。

讓我們姑且說，某一事情或事物演化到現代，積聚有一些指認得出的性格或品質，我們決定要將這些稱為（現代的）該種事情事物的現代性。但是，根據上面說的看來，這樣的現代性只是些「個別現代性」，是某一事類或物類自己的現代性，那並不是「普遍現代性」，不是普及於所有事類和物類的（全盤）現代性。比如，現代軍隊的現代性常常並不就是現代政治的現代性。前者可能注重科技運用和管理

領導方式，後者可能集中民主實施與人權保障。

　　當然，眾多的個別現代性之間彼此形成疏密相間，深淺有別的關聯系絡。這類的關係之中，有的或許是邏輯關係，有的顯然是經驗關係，有的甚至是沒有什麼關係的關係，無因有緣，巧遇際會，不是硬湊但卻瞎碰產生的關係❹。關係也可以開發演化，兩集事物原來無甚關係的，經過人工的干預或自然的演變，可能產生比較密切的關係。

　　所以，現代性的諸多紛雜的個樣之間，並非離散分置，互無交疊，不生反應，沒有共鳴。可是，這並不表示雜多紛繁的現代性之間，一定有一個統一而獨特的共性和特性，堪稱為一般的現代性。我們真正擁有的倒是（在大語言中的）「現代」，（在某些小語言中，以及受小語言滲透改造的大語言中的）「現代化」，加上（在更小的小語言裏的）「現代性」。可是它們之間的記號共通和交疊並不能保證三者內涵的整齊和一致。每一個記號的意義（關係值）都必須在它所在的語用脈絡中加以決定。「現代」、「現代化」和「現代性」事實上有不很一致，甚至極不相同的應用脈絡❹。它們分別出現在不同的脈絡，有時甚至分別屬於不同的大小語言（或源自不同的大小語言）。❹

　　我們在處理問題時容易犯上一種錯誤，這種錯誤有時頗為嚴重，也許應該立取專名，以某某謬誤稱之。這種謬誤和上文指出的語言、概念和事情事物的三界游離密切相關，甚或可說是它的一種特例。列舉我們現在的例子來說，「現代（的）」、「現代化」和「現代性」在我們的概念中好像有很密切的關聯，因為我們生於現代，願做現代人，期望種種事情事物的現代化（雖然有時也暗自喜愛傳統，對於有些消逝飄零的事情事物，甚至嗜好傳統「化」），談論現代性。於是表諸口舌，行諸筆墨，「現代」、「現代的」、「現代化」和「現代

性」，也就抽離於具體個別事物之上，抽象於雜多事情之外，在記號體系（語言）中建立關係，成就脈絡牽聯。可是，我們必須認清現代、現代的、現代化和現代性之間一方面是事情事物之間的關係，另一方面是我們的概念（瞭解）和概念之間的關係，再一方面是語言體系中語彙和語彙之間的關係。第一層的關係不是靠談說辯論所能解決❸，因此我們一開始就提示區分現代化與現代化的談論（第0節）。至於第二層的關係的建立和變化，完全要看我們培養認知，建立經驗，以及構作知識的方法、策略和所得結果與功效而定。亞里士多德式的演繹取證方式，培根式的求知採信策略，笛卡兒式的系統建造方法，近世實證主義和經驗主義的「假設演繹」（hypothetico－deductive）網絡❹等等，全都為我們帶來也許互補相成，但卻輕重有別，焦點各異的認知安排和採信結構。人類翻翻覆覆了幾千年，畢竟仍然是萬物的權衡。我們的知識和概念網絡，鉅細靡遺地籠罩在萬事萬物之上，滲透彌漫於萬有萬無之間。我們通過一切有意無意的活動編織了許許多多層層相因，密實無漏，複雜多樣的記號網絡（大小語言）。理性在其間塑造和演化，感性在其間塑造和演化，人性在其間塑造和演化。

　　這就是為什麼我們必須注目記號層次的關係。但是在這個關鍵上，我們也必須鍛練自己在方法論上的「勇氣」和在心境眼光上的「平衡」。我們不能再步入笛卡兒式的「我思我在」的方法懷疑，落得一事無成；也要避免同一個笛卡兒式的尋求穩固的阿基米德定點來起屋建樓，構造堂皇的知識體系的幻想。（只有一個點，怎麼蓋大樓?!）我們在此提議多注目記號體系的多元結構（包括多種大小語言的網絡結構）以及乏晰區分（尤其是意義的乏晰性及脈絡的不可決定性）。

　　所以當我們再察看另外一層關係（語言關係）時，「現代」、「現代的」、「現代化」和「現代性」之間，也就呈現出豐富而又複雜的關係。我們需要考慮這些語彙出於那一語言，那是大語言或是小語言，是否可以同處共容於同一個語言（不管是大語言小語言）。如果這些語詞不是同一語言裏的語彙（它們大概不是），那麼語言和語言之間如何溝通（比如創造一個跨語言的新語言）等等。考慮這些問題的時候，我們提議採取以語用爲主導的乏晰語言觀（見第1節）。

　　從效應上看，採取這樣的語言觀，尤其是摒棄了本質主義的意義論之後，我們就不會輕易設想「現代」、「現代的」、「現代化」和「現代性」之間的必然關係。把原來事情事物間的關係處理成爲概念認知關係是一謬誤；把原來語言（上的語用）關係處理成爲邏輯的必然關係更是一大謬誤。這是上文所提，未加取名的思想謬誤和方法謬誤。

5.　沒有現代性的現代化

　　根據以上的反思，我們至少接觸到一些談論現代化所遭遇的問題⓫。比如，我們到底只有一種現代性，或是可能有千千百百種現代性；我們可否設想沒有固定內容的個別現代性，我們要不要明說，並沒有（不管內容如何）的全盤現代性。

　　現代化是時代的問題，不是歷史的問題。我們現在談論現代化是談論當今的時代問題，不是談論從當今的觀點看過去的問題或將來的問題。當然更不是談論從過去的或未來的觀點（如果可能）看當今的問題。我們談論的是根據我們現在的知識、信念、心境、抱負、感

情、風尚、願望和欲求等等，所期待，所要求，所盼望，所抱持不放等等的現代化⓭。

現在，我們的一切的一切都可以給人設想加以現代化，包括萬有與萬無，包括軟體和硬體。這一大片一大堆的二十世紀的現代化運動的浪潮中，不論多巨大或多細小的事情事物都可以給人設法加以現代化。比如，人性可以現代化，理性可以現代化，感情可以現代化；家庭可以現代化，父母可以現代化；語言文字可以現代化，思想觀念可以現代化；文房四寶可以現代化，黑板可以現代化，衣著服裝可以現代化……。為什麼要現代化？黑板為什麼要求現代化？衣著為什麼要求現代化？思想觀念為什麼要求現代化？感情理性為什麼要求現代化？

我們可以舉出種種的原因和理由⓮。國家的、政治的、經濟的、軍事的、社會的、人文道德的、藝術價值的……。這些又可以互相牽連，彼此糾纏。說到最後，不是回到原點從頭再出發，就是走上一條漫長遙遠不知如何回歸的路。這是人類文化發展的縮影，也是人性塑造演化的軌跡。但是在人類不斷演化的過程中，我們好像並不畏懼無窮後退，似乎也不排斥循環論證。因為一切的塑造和演化並沒有一個或少數固定的起點；人生有涯，文化延綿循環無邊；當新的生命，新的理性和新的感情演化出現之後，人類無需事先追回舊日固有的起點。他們大可跳躍到新的起點上，重新面對他們的循環，再次踏上他們的無窮。在舊有的記號體系和人性結構中是方法策略和價值方向的困境和難局的，經過體系和結構的演化再造之後，已經呈現出不同的面貌。所以，我們可以絕對鎖定，斬釘截鐵地說明，說清和說定說完為什麼要現代化嗎？

當然我們不會因此就輕易放棄，到後來（不是到最後）我們可能

說：爲什麼現代化？爲了適應順從現代人的品味！（於是我們接下去討論現代人和「現代人」，研究品味和「品味」……）。

　　在種種不同事情事物的現代化中，我們最常關心國家的現代化和社會的現代化。碰巧國家和社會又是兩個一方面大而空洞，另一方面卻又複雜多樣的「實體」。我們仍然必須首先考慮其他事情事物的現代化，並且進一步研究各類各門的現代化推行起來到底互相加強或互相干擾，或平行無關。「現代人的品味」是種變化不居的東西（我們不會找得出「現代人的品味性」），因此它是種會演化的東西。我們拿它來引導現代化可以說既實在又飄忽，既有力又危險。

　　認識到多元的現代化和多區域多層面的現代化之後，尤其設想分析過現代人的品味之後，我們可能豁然開朗，不再執著於絕對的現代性，不再強調具有現代性的現代化。多模式的現代化，如果用古老的語言說，就是沒有固定的本質的現代化。那是沒有現代性的現代化。

6. 後語

　　從記號體系的談論，到人性演化論，到現代化的多元觀，每一個論旨都可以重新考察，每一個環結都可以重新研究。我們的現代化早在進行，我們的現代化的談論卻可以隨時停止，又隨時重新開始。看起來，現代化是個崎嶇不平的辛苦歷程，可是現代化的談論卻是一種充滿戲劇性和刺激性的經驗。

注　釋

❶我們將它稱爲「方法」上的，是因爲這種注意焦點通常涵蘊著解析問題和決定答案的方法。比如：應用語言解析或概念解析，根據外範邏輯或內涵邏輯，所下的定義是實質界說或名謂界說等等。

❷參閱作者之《人性・記號與文明》，第3節。

❸如果「記號」已經包含是表意的，則「表意的」三字可在定義中刪除。因爲我們現在關心的是人類的語言，這裏說的「表意」指的是人類的心意和情意。當我們將記號的概念擴大，兼及「自然記號」（natural sign）的時候，「表意」一詞變得有歧義。這時，我們可以指人類對自然現象中的自然關係的認定（認定是種心意活動），或指自然界裏的「意義」關聯。（這時是否需要假定一個具有心意活動的自然界的主宰，或者自然本身就是有意者，甚至有情者，那是另外的問題）。當然也可以二義兼收，令其安排在某一架構之上。比如，通過人類之認定，解釋（interpret），而非說明（explain），自然的心情或情意。

　　不過，當然我們既道說人類的心意，又道說自然（或自然的主宰）的心意時，我們雖然使用同一個語詞「心意」，我們是在同一個語言之中發言立說嗎？我們指的是同一種「心」嗎？（當然我們可以反問：爲什麼需要指同一種心?!）

❹比如，某一個字可能在今日我們所收集到的甲骨文材料中，並無實際成例，但是我們卻可以設法整理出甲骨文之構字規律和俗成習尙（包括分期之構型演變及「個人」風格），將它以甲骨文字體方式寫出（或刻出）。事實上，這種利用「理論還原」以創造（以往沒有的）成例的辦法，正是語言運作的基本規律之一。它不只可以應用於構詞造字，也可以用來創句成篇。（「僞書」的種種問題也因而出現。）

❺「甦」普遍地被當作是「蘇」的俗體字。但是兩者卻不一定可以普遍地交換取代。比如，「蘇醒」等於「甦醒」，可是「蘇東坡」是不是「甦東坡」？「蘇聯」和「甦聯」呢？語言除了造字構詞的規則，除了意義和指稱的規則之外，還有種類繁多的語用規則。而所有的語言規則可能全都盡是乏晰規則。每一規則都爲了語言的保守性而設，但到最後都容許而承認創造性的例外。（創造性與破壞性之分一方面乏晰，另一方面容有多元的判準）。並且，不同種別的規則之間，有時互相破壞，有時互相抵制，有時互相發明。比如，表面上看來，像上述「甦」字的例子，如果在口語（言語）之中就無問題，因爲「甦」和「蘇」讀音一樣之故。但是，這個剛好是異字同音的例子。假如換做同字異音呢（比如破音字）？另一類問題又應運而生。而且，中文的口語和書寫語到底是兩個語言，各有自己的規則？或只是一個語言的兩種表

現和應用，背後具有普及於兩者的規則？（有時我們的確將口語和書寫語合成並用，假定有一組共同規則。這裏所謂的「書寫語」遠較一般指稱的「書面語」廣義。一般的書面語和口語之間，常常沒有準確的一一對應；而我們在此所指的書寫語，只是口語的書寫轉換）。

❻這裏列出的是些具體的東西。但是記號也可能出以抽象的裝載媒體。比如人類思想活動裏的心象也可以給人拿來當做記號。夢裏的影像也是。一般說的概念亦然。

❼抽象的東西也稱爲「體」，這樣的用法是否偏離一般俗成的規律？若是，則我們所使用的中文就不是俗成的「標準中文」。不過什麼是標準中文，本身卻是一種乏晰的判定。

❽字的記號體集合不會是單集，因爲記號之爲記號是要給人拿來重複使用的「器物」。當一個記號體集合不僅僅是單集，而且更是「邏輯單集」（邏輯上必然是單集）時，這樣的語言就成了（其中）一種維根斯坦所攻擊詰難的「私有語言」（private language）。私有語言並非「個人語言」（personal language）或「個人化的語言」。個人語言只是公衆語言（充當公器的語言）的「個人版本」。（參見《人性‧記號與文明》）。

　　另外，字的記號體集合不會是空集，那是因爲沒有記號體的不會是記號。所謂記號活動是以一「物」（記號體）爲媒介去示意，去傳達，去表露，去驅使等等的行爲。

❾事實上，我們可以擴而大之，將此處的論域定爲一切與a_i在同一語言內的可能的（潛存的）記號體，甚至定爲一切萬物，因爲萬物均可記號化，均可做爲記號體。不過，此處我們旨在例釋語言的乏晰性，而不是有意建構乏晰語言的理論。所以我們採取一個比較保守的方法選擇。尤其，語言的乏晰性有等級區分，而且常有（語言內部自己的）地域性的不同。

❿語言在使用上的乏晰性有別於在定義上的乏晰性。但是如果不能照顧到使用上的實際情況，只是定義得明晰精確，不一定可以達到功能致用的目的。

⓫反過來看，記號活動一經開始，就不可能只保持唯一的一個記號。就以口語來說，即使我們只能發作一種可辨認的聲音（而又無法加上其他的輔助），因此只有一個記號體，但是一應用起來，就有兩種配列情況：該記號體出現和沒有出現——說與沒說、說與不說、說與拒絕說、說與不敢說、說與不屑於說……。說，固然是一種記號活動；沒說，也可以是（或演變成）一種記號活動。所以，我們不僅可以有「談吐的語言」，也可以有「沈默的語言」；有有爲的語言，有無爲的語言。我們說，萬有都可以給人加以記號化，成爲記號體。事實上，「萬無」亦然。這是抽象的記號體之另一成例。

　　從理論上看，一個語言只要有一個「有爲」的記號和一個「無爲」的記號，就足以構成與現存任何語言至少一樣多的語彙（如果有兩個有爲記號，當然足夠，無需無爲記號。比如，中國山水畫（的記號體系）需要「留白」

（一種無爲記號），西洋油畫（的記號體系）無需，甚至不宜。道理同出一轍）。因爲只要有兩個記號體，我們就可以據之構作出與正整數一樣多，彼此又可以有效區別辨認的無窮多的記號體。（這個數目是χ。是第一級的無窮大。但它比實數那類的無窮大小得多）。比如下列這個程式就可能是該類語言中的語句之縮寫：

$$a^{2^0}a^{2^2}a^{2^1}a^{2^2}a^{2^8}a^{2^3}a^{2^4}a^{2^0+2^1}a^{2^4}a^{2^3}a^{2^1} \cdots\cdots\cdots\cdots\cdots\cdots (5)$$

其中「a^n」表示有n個「a」緊排並列，而任何「a_i」與「a_j」之間都有空位或空白。比如，(5)的前三個「字」明白寫出來後，變成下列的句子（沒有完全寫出）：

$$a\ aaaa\ aa \cdots\cdots\cdots\cdots\cdots\cdots\cdots\cdots\cdots\cdots\cdots\cdots\cdots\cdots (6)$$

這類的語言並不一定枯燥無味，它也可以容納音韻調和，抑揚頓挫；講究文法規律，注重修辭衛生等等。舉個微不足道但卻不是沒有啓示作用的小例子來看。我們也可以在這樣的語言裏區別大寫與小寫，規定一個語句開頭第一「字母」（但不一定全字）需要大寫。這時我們又可以分別將字的第一字母的大小寫，規定如下：

a^k屬於大寫（第一字母）若且唯

若k是奇數。（否則a^k就小寫）$\cdots\cdots\cdots\cdots\cdots\cdots\cdots\cdots\cdots (7)$

當然，這樣一來這個語言就變成有一對對的「等同字」，在同一對中彼此只是大寫與小寫的分別。比如，上列語言中，可能「a」等同於「aa」，但不等同於其他；同樣地「aaa」等同於「$aaaa$」但不等同於其他，等等。我們可以將這樣的關係表達爲以下的規則：

a^m等同於a^{m+1}，若m爲奇數；否則

a^m等同於a^{m-1} $\cdots\cdots\cdots\cdots\cdots\cdots\cdots\cdots\cdots\cdots\cdots\cdots (8)$

如果「A」是「a」的大寫，而且在這個語言中，只有一個語句的開頭字母大寫的話，那麼前述的(5)成了下列的(9)，它事實上包含著兩個語句：

A aaaa aa$\cdots\cdots\cdots$Aaa aaaaaaaaaaaaaaaa

aaaaaaaa aa $\cdots\cdots\cdots\cdots\cdots\cdots\cdots\cdots\cdots\cdots\cdots\cdots (9)$

一般的自然語言（日常語言）都在使用的過程中演化，不像某些人工語言（專技語言）是在構作時確定了一切語言內部的規則。因此像大寫小寫、詞性、格、數、時式、主動被動、各種樣態等等的文法或修辭的規則，全都是在語言的實際使用中逐步演化變遷的。其中人工的強力干擾比較少見（如文字改革），而且其成效總是限於局部（比如發音的統一，字形的改良）而不易擴大到語言全面。（比如用法和意義的俗成性就極難強力加以改動）。

不過字彙的多少並不自動決定一個語言的表達能力。至於表達上的順暢、簡單和美感，更不是單由語彙數目所能決定。

⑫比如，有人認爲「我很快樂。」一句中，「快樂」是動詞！就是因爲他假定每一個語句都需要有一個動詞，而上述語句又是一個完整句（比如，不是「我

是很快樂的。」之縮寫或一般化簡）。同樣地，現在好多辭典都把「一」字也標成動詞，舉的例子幾乎一律是〈阿房宮賦〉的「六王畢，四海一。」。在這裏，也假定一個語句需要動詞，而且「四海一」是個完整句（比如，不是詩體文的省略句式）。但是在同樣的辭典裏，卻沒有將其他數詞，如「二」、「三」、……「百」、「千」、「萬」等等，標爲動詞。（我們不是也可以說（或寫出）：「大汗起，中原二。」或「東漢亡，天下三。」?）。又如，我們都津津樂道王安石將「綠」字充當動詞使用（「春風又綠江南岸」。事實上，丘爲之「春風何時至，已綠湖上山」，更早）。那麼「紅」、「黃」、「藍」、「白」、「黑」等等顏色詞，也莫不可是動詞（如：「太陽落，西方紅」）。可是一般辭典又不將這些詞標成動詞。

　　這類的現象不一定表示辭典編纂者的心思紛亂。它更表現語言規則的乏晰性和文法理論的多元可能。

⓭所謂「自然種屬」本指那些天生自然，不是人力構造建成的事情事物。比如這世界的自然律，比如自然界裏的動物、植物、礦物等的物理、生化等屬性。不過，自從人類生存於這個世界以來，他們不斷改動自然，變化生態。從遠古的農牧培苗育種，配種繁殖，一直到當今高科技的生物工程，基因改造，處處充滿人類干預自然、重建自然和改造自然的事例。（當然，改造自然也必須順應自然——在自然律的「允許」下的改造：「順著自然反自然」）。事實上，記號體系的繁衍，也是這一演化過程和創新改造的一部份。所以，自然的事情事物和人工的事情事物，其間的分界是乏晰的，而不是精確明晰的。（比如，怎樣區別「自然西瓜」與「人工西瓜」，「自然授精」與「人工授精」?）

　　在此，我們要說，如果一類事情事物的外範界限不是純粹由定義來確定，那麼那一類的事情事物就有可能（雖然不是必然）淪爲自然種屬。所以，簡單地說，容有演化的，可加改造再生的，全都可以算是自然種屬。（自然）語言固然屬之，就是火車、衣服、黑板、影印（古時稱「景印」）、手錶、補品等等，也全無不是。不過像數（不是數字或數碼），像人與事的專名，像明確定義下的邏輯關係、語文關係和概念關係等等，就非自然種屬。

⓮比方，我們固然可以很明確地標定某一部中文辭典所收集的「字頭」到底是那些，但是我們就很難明確說出古人用過的漢字幾何（有些沒有記錄，有些記錄業已失傳）。我們更難說準當今流行的漢字到底是那些。

⓯我們可以採用不同的方法比較記號體系的大小。不過在比較之前，首先需要決定記號體系的標定方式。

⓰我們編纂辭典時，多採取這種策略，甚至爲了固定字義，反對「因詞生義」；或者爲了更廣泛地固定字詞的意義，反對「因用生義」。這是策略性地採取字詞的絕對值（這時是意義上的絕對值）的一個例子。但是，這樣的做法，若不小心爲之，而且經常加以翻新再造（比如辭典的改寫重編），基本上和

語言（以及所有記號體系）的俗成性對反衝突。

⑰至於我們是否因此可以取消意義，這是哲學的存有論問題。我們除了面對「化約問題」（還原問題）之外，還要檢討傳統上所謂（狹義的）「奧康之刀」（Occam's razor）到底屬於何種「經濟原理」（law of parsimony）。它所倡議割除的到底是記號體系中的「多餘」記號，概念網絡裏的多餘概念，或是「實體」世界中的多餘元目？

⑱這裏所說的是記號，不是記號體。不過記號體的指認也得在脈絡安排下為之，因為某一項目是否屬於某一記號體集合，正是決定於它是否與該集合的其他分子一樣，充當同一記號之用。

⑲這個區分也是個乏晰區分。因為萬有萬無皆可記號化，因此，連「脈絡」都只有記號體系的關係值，而沒有超乎體系的絕對值。也就是說，什麼是一個記號的應用脈絡也是要比對著記號體系來決定，不管是記號性脈絡或是非記號性脈絡。這問題有兩個互相牽連的層面：(1)脈絡大小的相對伸縮，(2)記號體系和記號體系間的割分問題（語言個化問題）。兩者可以互相挪動退讓，來解決前述問題。

⑳這裏說的是（設計）來指涉用的語詞，不是實際上有所指涉的語詞。所以名之為「指涉用語詞」，而不稱為「指涉語詞」。事實上，指涉用語詞可分兩類：指涉用「單詞」和指涉用「通詞」。在此，我們暫指後者。

㉑我們在此注重的是「本質主義的」或不是本質主義的，而不是計較意義為何物的不同理論。所以在哲學史上曾經有過極不相同的「本質主義的」意義論：柏拉圖式的、亞里士多德式的、亞奎那斯式的、笛卡兒式的、甚至英國經驗主義式的、康德式的、羅素式的、胡塞爾式的、邏輯經驗主義式的（比如卡那普式的）等等。

㉒我們暫時不考慮一個語詞所指涉的事情事物集合是個空集的情況。這時，我們稱該種語詞為「空詞」。（空詞有兩類：邏輯空詞和經驗空詞。不過，這個區分可能是個乏晰區分。）如果我們要兼及空詞，則文中語詞意義的界說需要略做改動。為何需做修訂，其理由見於文中對於意義與瞭解之關係的討論。

㉓採用本質定義法對某一語詞下界說的時候，我們未必需要選取該語詞所指涉的事情事物的全體本質。有時「部份」本質仍然是本質。比如，當我們要定義「人」這個語詞的時候，假定本質上說，人既是理性的動物（凡人都是，而且沒有不是人的是理性的動物），而且人又是有情的動物（凡人都是，而且沒有不是人的是有情的動物），那麼本質上說，人也是理性的和有情的動物；這時我們可以為「人」下出幾個不同的定義，個個都可以是實質界說。在不同的文化傳統下，不同的語言間的「等範語詞」（所指涉的事情事物相同的語詞）常常容有不同的定義，因此具有不同的意義，部份原因在此。

㉔對於極大的問題，在方法策略上，我們只能一方面提出「假設主張」，大處著眼，指出取材證立方向；另一方面列舉細小成例，小處著手，見微知著。

㉕我們當然可以說，這只是中文的問題，翻譯成英文就沒有問題。是的。但是，英文在「鯨」上面不出問題，它的問題卻出現在「人」上面。中文有鯨魚是不是魚的困擾，英文卻出現女人是不是人的麻煩。否則為什麼要將'charman'改為'chair-person'？難道前者的意思是「男主席」或「主席男人」嗎？事實上，比較正確地說，英文的問題不出現在「人」，而出現在「他」與「她」，出現在'he'和'she'的劃分。（我們也可以比照但卻不對等地說：中文的問題也不出現在「鯨」，而出現在「魚」──「鯨」字之內的「魚」和「鯨」字之外的「魚」）。語言就是這麼繁複，這麼「體系性」的事。

㉖現在如果我們裝置四十年前那種黑色的黑板，實在是件很不「現代化」的事。即使我們裝設的是新成品，它也即刻變成「古舊」。正好像衣著一樣，新裝在身，也可以其人「老土」（不現代化）。

㉗事實上這樣的說法過於簡化。理解是我們的心意活動及其結果。兩者都不只依賴概念（進行和建構）。理解據之進行的心意活動包括廣義的「心象」和狹義的「概念」。兩者往往缺一不可。值得注意的是，心象可以概念化，同樣的，概念也可以心象化──有時是語言記號的圖象化。

㉘參見《人性‧記號與文明》，第4節。

㉙當然，語言也令螞蟻和蜜蜂等，開拓集體生活，變成社會動物。社會動物和孤獨動物之間的區分，標準多元，界限乏晰。下詳。

㉚此處的「說」指涉一切的記號活動。參見《人性‧記號與文明》，第1節。

㉛有關大語言和小語言的討論，詳見《人性‧記號與文明》，第3節。

㉜詳見上註引文之討論。

㉝這類的「高」層次的聽，加上高層次的「看」和「觸」等等，不但將我們的初等感性提升，進入高等的認知領域，而且也將感性在較高層次上綜合（比如「聽」到的感情構型、「看」到的感情構型和「觸」到的感情構型在認知上的綜觀統合），帶給我們的認知更多面相和更多層次的感性素材。

㉞我們不主張嚴格割分理性與感情，兩者也許容易區別，但卻難以分開。區別地說（仍然使用花式比喻），感情的空靈往往因為感情的理性化；相反地，理性的「世俗」往往起於理性的感情化。

㉟事實上，很多藝術語言需要重新選擇自然記號加以人工處理，形成個人語言，再求推廣，進入公眾的記號領域，其道理也在此。

㊱身體是重要的記號，因為性的事離不開身體；而人類的性的事是人類的情的事（特別是愛的事）的感覺基礎（當然不是理性根據）。

㊲這樣的假設主張令人想起「大禹治水」的傳說和「嫦娥奔月」的神話。

㊳現在「矛盾」是邏輯語言（小語言）裏的語彙，它的意義和用法和中文裏的「以子之矛攻子之盾」所啓示的，有重大區別。後者所顯示的關係在邏輯語言裏，稱為「正值對反」（舊名「大反對」）。

㊴其實「x化」不是一個（中文裏的）語詞，它最多是個「語詞樣型」或「空心

語詞」或「開架語詞」；邏輯上可以稱爲「語詞函數」。

⑩邏輯關係和經驗關係間的分界是乏晰的，這點可由乏晰語言觀（記號論）中推展演繹出來。有關係和沒有關係當中的區別亦然，此點是人類記號化活動的注目方向和選取策略進展開拓的遺跡。

⑪這點很容易使用統計方法加以經驗的檢證。比如在一個「Rxa」的脈絡中（a爲語言常數），讓x分別使用「現代」、「現代化」和「現代性」加以代入（再加上必要的文法或修辭的處理，令其成文成句），看看所得的三個結果每一次都一樣有意義，一樣同眞同假等等。（目前作者正在進行這類的小研究）。

⑫比如，「現代化」就比「現代」更富有異鄉情調，它更像是帕來品（衛星傳眞品）的翻譯。如果我們一定要回祖歸國，想想比較傳統典型的中文用法，那麼我們的感受會極爲不同。想想宋代文豪聽到「現代化」會有什麼觀感（聽聞「現代」可不一樣）。「化」字固然含有「化」生之義，它經常有，甚至更有「化」死和「化」假的意含。「現代化」如果像「坐化」，則愈化愈死；另外，它如果像「化身」（不是「法身」），則愈化愈假。我們文化的「現代化」也不是完全沒有這類現象和命運。（這點應該列入「現代化」的關懷之中，除非我們大而「化」之，大事「化」小，小事「化」無，現代「化」地不加理會。）

⑬雖然有時談論有助建立認知（「眞理愈辯愈明」），認知的建立有助於草繪實現的藍圖等等。但是，這種關聯都是經驗上的實效關聯，不是純粹語言或概念的關聯，更不是邏輯的必然的關聯。

⑭在有些語言傳統裏，「假設」幾乎是假的（否則怎麼叫做「假」設！），在另外的傳統裏，「假設」不是眞的（參考牛頓名言：「我不創假設」），在其他的傳統中，「假設」幾乎是眞的（或者望其成眞，願其爲眞）。同樣的「假設」，大異其趣的概念，多麼天差地別的假設。

　　這裏所指的「語言」傳統，當然包括種種的大語言和種種的小語言。

⑮談論現代化所遭遇的問題當然不就是現代化所遭遇的問題，但也不必然不是。人的「說」有時指導人的「做」，有時相反。

⑯當然我們也可以袖手旁觀，可以嘻笑怒罵，甚至可以破壞阻撓。但是，我們若採取如此之負面態度，似乎無需認眞談論。

⑰原因和理由的區別是，原因在自然記號關係中證立，理由在人工語言中舒展。

由西化與現代化的角度
對於胡適的評估

劉述先

一、引言

　　我不是胡適研究的專家，也無意在芸芸有關胡適的著述之外增添一篇研究胡適的專論。胡適爲什麼年紀輕輕便「暴得大名」？思想史家已經提出了相當符合當時事實情況的解釋❶。無疑胡適在當時是爲我們帶來了一些新的視野，他也是推動西化與現代化的領袖人物。我所要做的工作是，如果中國人眞的西化，甚至跟著西方人一步一趨，由現代走向後現代，就會看到一些完全不同的視野。我們竟會發現，胡適的西化其實是很不徹底的。他在當時所把握到的一些「新」東西，像實證主義與實用主義的方法論，科學與民主的理念，啓蒙式的理性與進步的觀念，恰恰是在當前西方受到猛烈批評的「舊」東西❷。尤有進者，他的泥足不只深陷在西方啓蒙的傳統之內，也不自覺地深陷在中國的文化傳統之內。也就是說，胡適提供了一個在走向現代的過程中、傳統與現代的因素糾纏在一起的典型。胡適所崇信的啓蒙式的普同主義，相信科學、民主、理性、進步是普同於人類的價值，刻下正受到多元文化主義的衝擊，而變成了很不時髦乃至過時的東西。由此可見，時間的洗刷是最無情的。晚近流行的解釋學潮流告

訴我們，決沒有超越時間之流以上的完全客觀普遍的東西❸。所謂新舊也恰正是相對於我們現時的視域（horizon）的新舊。五四（一九一九）到如今已經超過七十年，這裏面牽涉到新舊易位、價值倒置一類饒有興味的問題。每一個時代講的故事都反映出那一個時代的特色。從這一個角度看，我們在九十年代講胡適的故事，即使在史實方面並沒有突破性的增益，通過我們現時的視域來看，仍可以得到一幅不同的胡適的圖象。這就是我企圖在本文之中展示出來的面相。

二、 對於胡適的哲學史的評估

胡適的哲學史，由解釋學的觀點看，恰正是「視域的交融」（fusion of horizons）所產生的結果❹。這部書乃是他的博士論文的中文本。胡適留學美國，最初學的是農科，後來發覺志趣不投，這才轉攻哲學。在哥倫比亞他的論文導師是杜威。他在哥大除了讀西方的東西之外，同時自修中國哲學。他論文寫的是先秦名學發展史，事實上他的論文委員會的六個成員，沒有一個有資格指導他的論文。根據唐德剛的考證，他考口試，只得到第二柱❺。當時哥大的規矩是，口試成績分為三柱：第一柱、小修通過，第二柱、大修通過，第三柱、不通過；論文一定要出版成書，繳入大學一百本，才算有正式學位。胡適於一九一七年五月二十二日考了口試，一九二七年才正式得到學位。照唐德剛的了解，口試之後，杜威沒有讓胡適小修通過，兩年之後訪華，一住兩年，親眼看見胡著《中國哲學史大綱》在學術界的聲勢，這才自愧有眼不識泰山。一九二七年胡適得學位，並不需要補考，只是「拍拍肩膀」（湯晏先生語）就過去了。

至於何以胡適所提倡的思想能掀動五四時代的中國，依照余英時

的解釋，在五四前夕，一般知識份子正在迫切地需要對中西文化問題有進一步的認識，他們渴望能突破「中體西用」的舊格局，而胡適恰巧在這個「關鍵性的時刻」出現了，建立了孔恩（Thomas Kuhn）所謂的新「典範」（paradigm）❻。余英時進一步分析，胡適思想影響的全面性主要由於它不但衝激了中國的上層文化，而且也觸動了通俗文化。就後者而言，胡適的「暴得大名」最初完全是由於他提倡文學革命，用白話來代替文言，這一部份與本文之論旨無關，茲不贅❼。就前者而言，余英時指出，他的思想所造成的震動更為激烈，更為廣泛，他在中國近代學術思想史上之所以具有劃時代的意義，這是一個決定性的原因❽。早在清末民初，儒學作為一種維持政治社會秩序的意識形態而言已經破產了，但儒學作為一種學術思想而言，仍具有很大的活力，且居於最高的地位。他如果想在中國取得思想的領導權，首先便得在國故學界有出色的表演。當時國故學界雖有經、史、子、集幾種傳統的分野，但是各家研究都是建築在乾、嘉以來考據、辨偽的基礎之上。而胡適的治學途徑自始即走上了考據的方向。一九一七年四月他寫成〈諸子不出於王官論〉，離他動身回國不過兩個多月，這篇文字是向當時國學界最高權威（章炳麟）正面挑戰的第一聲。而他之能進北大任教也是靠他的考據文字，蔡元培就特別強調他與「漢學」之間的關係，甚至誤會他生於世傳「漢學」的績溪胡氏。他在北大教中國哲學史造成了革命性的震動，他的新觀點和新方法發揮作用，把北大國學程度最深而且具有領導力量的幾個學生，像傅斯年、顧頡剛，從舊派教授的陣營中爭取了過來，他在中國學術界的地位才堅固地建立起來了。一九一九年二月《中國哲學史大綱》卷上出版，胡適在上層文化方面的影響很快地從北大傳佈到全國。一九二〇年梁啟超綜論清末的考證學竟以胡適為殿軍。《中國哲學史大綱》出

版一年之後，胡適終於躋身於考證學的「正統」之內了。

余英時的分析大體是符合當時的實際情況的。胡適的現象恰正是傳統與現代、中西視域交融的結果。他的學問功力不足，但在方法上有了新的突破。在「導言」部份以當時西方哲學史、歷史學和校勘學的方法論為基本架構，對清代考證學的各種實際方法作了一次有系統的整理。胡適講中國哲學史，截斷衆流，撇開唐、虞、夏、商，改由周宣王以後講起，令人舌撟不下。而他運用西方的邏輯知識來解釋《墨辯》，尤其受到時流的尊重。試想當年胡適卒業之後，如果留在西方講中國哲學，會有什麼影響？而他回國之後，若只介紹一些西方知識，又會有多大的衝激呢？一切因緣際會造成了胡適成為一代領袖學人的地位。

但不幸的是，站在時代前哨的胡適不須多少時間就已被推到時代後面去了。且不說《新文學大系》第十卷阿英寫的導言就已攻擊胡適由同情進步的態度轉變成為與反動勢力為伍，這種政治上的判斷固不足以為胡適病，但多少已顯示出他與時潮相背的徵象。在學術上，馮友蘭回國，寫成全套的中國哲學史，於三〇年代出版，不免對他構成巨大的威脅。兩相比較，胡著的弱點立顯。金岳霖在對馮著的審查報告中說：「胡適之先生的《中國哲學史大綱》就是根據於一種哲學的主張而寫出來的。我們看那本書的時候，難免一種奇怪的印象，有的時候簡直覺得那的作者是一個研究中國思想的美國人；胡先生於不知不覺間所流露出來的成見，是多數美國人的成見。……同時西洋哲學與名學又非胡先生之所長，所以在他兼論中西學說的時候，就不免牽強附會。」馮著哲學史由今日的觀點看來自也多可議之處，但當日陳寅恪的審查報告稱讚馮著「能矯傅會之惡習，而具了解之同情」，似乎也是有感而發。三〇年代以後，胡適對哲學史研究的影響迅速消退

下去。

　　或者因爲胡適是哲學界的逃兵，哲學家對他素無好評。業師方東美先生提到，他由美國學成返國以後，有一次見到胡先生，胡先生問他有沒有看到他自己最近發表討論五十年的世界哲學的文章。方先生老實不客氣地當面直說，你這篇文章的內容尚未及世界哲學之半，甚至連一半的一半都不到，弄得氣氛頗爲尷尬。方先生對胡先生的中國哲學史有十分嚴刻的批評：方法論的部份只不過是撿拾文德爾班：《（西洋）哲學史》提出的原則❾；採取截斷衆流的手段，只寫成了一部「斷頭」哲學史。而胡適終其生無法完成他的哲學史，也成爲了他的盛名之累。客觀來說，胡適做得比較好的是他對《墨辯》的詮釋。這是因爲用實用邏輯去解讀《墨辯》，的確是有相契的地方。但《墨辯》並不是中國哲學的主流。傳統中國哲學的核心是儒釋道，胡適的問題在，他根本就不理解三教的義理綱維。難怪金岳霖說，胡適要用「有效率」的美國式的成見去看道家，必定會格格不入了。

　　傅偉勳講創造的詮釋學，提出了五個層次：(1)「實謂」，(2)「意謂」，(3)「蘊謂」，(4)「當謂」，(5)「必謂」（後改爲「創謂」）❿。胡適的考據癖，搜求原典的努力，大體是第一個層次的工作。第二個層次要把原典的意思展示出來，胡適的工作已經因爲未能充份自覺到自己的「成見」而不能無憾。第三個層次要照顧到已有的詮釋的傳統而有深一層的解釋。胡適對於禪宗的明心見性，宋明儒的性理之學，根本缺少思想與體驗上的契合，無法深入這樣的傳統之內，只能夠在外部盤旋，難怪他的哲學史會寫不下去了。至於第四個層次的批判，第五個層次的創造工作，那本是哲學家的工作，自不必強求了。

　　胡適的研究的貢獻與限制可以從他與鈴木‧大拙有關禪的論辯清楚地看得出來⓫。他由考據的觀點發掘神會在禪宗史上的貢獻與應有

的地位是不容抹煞的，但鈴木痛斥胡適以純外在的歷史考證沾沾自喜，誤以禪宗皮肉當做骨髓，未曾登堂，遑論入室。鈴木動輒喜用「反邏輯」、「反理性」等辭，固然徒增一層毫不必要的思想混淆，但他指斥胡適的考據方法不但無助於了解禪宗真髓，反有混淆般若知與分別知的錯誤，有如一層雲霧遮蓋青天，卻是一針見血之論。做哲學史或思想史必須深入哲學思想的內涵。這決不是輕視原典校勘、版本考證與比較一類屬於「實謂」層次的工作，其特色正如傅偉勳所說：

> 「只有此層算是具有『客觀性』。它是創造的詮釋學必須經過的起點，但非重點所在，更不可能是終點❷。」

　　胡適卻剛好把輕重倒置了。他在出了《中國哲學史大綱》卷上之後，不肯馬上出卷中、卷下，這表示他確有知性的真誠。然而隔了那麼多年之後，他把卷上改爲《中國古代哲學史》在臺灣出版，又出了《中古思想史長編》，我讀後卻覺得大失所望。材料的掌握方面也許是有了更深的功力，但睿識方面卻看不到任何增益。早知如此，還不如緊接著卷上，把他授課的講義全套出齊，在當時肯定會產生更大的衝激，不像後來出書，就沒有一點震盪力了。

　　如果胡適真的全盤西化了，他就會發現，他奉爲圭臬的實證主義的方法論現在西方不免受到猛烈的批判，他也不能不接觸到解釋學或詮釋學一類的問題。原來實證論者所謂的「客觀」其實不過只是一種「成見」而已，不加批判地將之當作真知灼見，恰正反映了一種根深蒂固的偏見。而在中國，近數十年間最有活力的一股思潮即所謂當代新儒家。他們對於宋明理學（即西方學者所謂的新儒學），真做到了

「入乎其內，出乎其外」的地步，不只在「意謂」、「蘊謂」的層次，乃至在「當謂」、「創謂」方面，都作出了令人注目的成就。但胡適對於兩方面的發展卻都視若無睹。一九五八年《中國古代哲學史》在臺灣出版，他寫了一篇八頁的「自記」，竟然用了一半的篇幅駁斥馮友蘭的說法❸。由此可見，馮友蘭的挑戰對他的威脅是多麼的大。過了好幾十年，他心目中的馮友蘭還代表正統派的觀點，卻不明白「解放」後的馮友蘭早已不同往昔，而當代新儒家的崛起斷然已經推倒了馮友蘭的正統派的地位❹。胡適卻未能與時推移，他仍留在他的「舊」世界之中，實不能不令人慨嘆！

三、對於胡適的科學觀的評估

一九一九年五四運動發生，由狹義的愛國運動轉變成為廣義的文化運動，提出了「德先生」、「賽先生」的口號，可以說是指示了一個正確的發展的方向。胡適雖然對狹義的愛國運動保持距離，對廣義的文化運動則積極參與，倡導之功絕不可沒，而且中心的信守終身不渝，不能一筆加以抹煞。但居於領導地位的知識份子對於民主與科學的理解，總應該越來越深化才行，然而胡適始終停留在一個極為膚淺的層面之上，不能不令人感到失望。我們先對他的科學觀提出檢討。

如所周知，胡適的思想深深受到赫胥黎與杜威的影響。他把科學當作一種方法，一種態度，晚年更簡化成為「大膽的假設、小心的求證」的十字真言。由此可以看出胡適對於科學的了解的淺薄。照胡適這樣的理解，自然科學與人文學根本就沒有任何區別。他一輩子所做的工作就是以「科學方法」整理國故。試想胡適有關哲學史、思想史的論著，他的考據文章，包括他對《水經注》的考證，有那一樣可以

被接受爲科學方面的論著呢？這顯然牽涉到範圍的錯置與混淆！

由文藝復興以來，西方科學的進步明顯是指自然科學而言。簡單說來，他們使用歸納的方法，善於以偏概全，更重要的是，他們結合數理，化繁爲簡。世界觀的改變使他們走出中世紀，衆多發明造成了工業革命，這才讓他們取得優勢，變成世界的霸主。如果科學方法眞像胡適所說正是清初的學者就已運用得極爲純熟的考證的方法，那我們何必向西方去取經呢？其實胡適內心未必不知道有這樣的分別。他早年做了科學界的逃兵，到了晚年竟對記者說，他後悔自己這一輩子沒有去做科學的工作。這又顯示，他根本不明白不同的學問有不同的功能與定位。他自己所作的清客式的學問之無濟於事並不表示人文學在學問世界中不能佔重要的一席地。由此可見胡適在觀念上的混淆不清與態度上的游移不定，他怎麼能夠作爲一位人文學者的表率呢!?

胡適的思想自源於杜威哲學。但胡適所吸納的僅限於杜威早期的著作，後來杜威發展了他自己的形上學思想，對於邏輯與知識論的問題也有深入的反省❺。我雖不同意杜威的許多見解，仍不得不同意他爲當代哲學一大家的地位。杜威雖然相信他的方法可以貫串在各個領域之內，但他仍儘量抗拒了化約主義的思想，保持了科學、倫理、藝術，乃至宗教的不同的特色。然而胡適卻適得其反，他把他所吸納的杜威思想更進一步簡化成爲了他的簡單的公式，這就不免把弱點充份地暴露了出來。所謂「大膽」與「小心」乃是心理上的一種態度，根本不是科學能夠獲得成果的必要或充份條件。胡適的說法顯示他對現代西方科學哲學所關心的問題了無關涉，簡直是完全脫了節。

實證主義發展到二十世紀演變成爲邏輯實證論的思想。他們費了大勁想建立「證驗」（verification）的判準，把知識與形上學嚴格地區分開來。但他們的企圖並不十分成功❻。杜威並不贊成邏輯實證

論者把邏輯的分析命題與經驗的綜合命題截然劃分的見解。後來蒯因
（W. V. Quine）乃秉承實用主義的宗旨對經驗主義的教條提出了挑
戰❼。再下一代的羅蒂（Richard Rorty）乃根本揚棄了主客對立的
二分法，把實用主義理解成為一種鄰近於相對主義的東西❽。對於羅
蒂一路的學者來說，科學既不「客觀」，也不是什麼神聖不可侵犯的
東西。其實我根本不同意羅蒂的看法，但胡適後期的著述乃完全沒有
顯示出任何跡象，對當代科學哲學所面臨的困境有任何知曉，他只是
緊緊抱持著啟蒙式的泛科學主義的信仰。在現在西方已經找不到這樣
過時的東西了。

　　胡適對科學之缺乏了解也顯示在他對愛迪生這樣的發明家的推崇
之上。他並不明白發明家在科學界並不佔有崇高的地位。他只注意到
科技文明的實用價值❾。直到一九六一年，他還作了一次富有爭議性
的演講：「科學發展所需要的社會改革」❿。他說：

　　　　「一位東方的詩人或哲人坐在一只原始舢板船上，沒有理
　　　由嘲笑或蔑視坐著近代噴射機在他頭上飛過的人們的物質文
　　　明。」
　　　　「另一方面，我主張把科學和技術的近代文明看作高度理
　　　想主義的、精神的文明。」
　　　　「這是我對科學和技術的近代文明的熱誠頌讚。」

　　胡適所預設的是一套東與西、傳統與現代的二分法。他竟不知道
詩與哲學和科學技術分屬完全不同的範疇。他的故意混用「物質」、
「精神」一類的字眼顯示出他的思想的混淆。最不妙的是他對現代西
方式的科技文明的無限擴張竟然完全缺乏一丁點兒的批判反省。他壓

根兒不知道環境污染的害處，發展國家濫用世界資源的罪惡。現在西方連街上的人都不會再信胡適這樣的泛科學主義的思想，更何況知識份子！這是何等的弔詭！

四、對於胡適的民主觀的評估

胡適對於民主的理解也碰到了同樣的問題。他把民主當作一種理想，堅決反對獨裁，的確有其彌足珍貴之處。但無論在理論與實踐方面，胡適都停留在膚淺的層次，不免令人感到遺憾㉑。

胡適提倡易卜生的個人主義，但他似乎未察覺到，西方民主政制的基石：自由主義現在正面臨猛烈的批評。啓蒙時代法國大革命提出的口號：「自由、平等、博愛」表面上聽起來很不錯，其實這些價值是可以互相衝突的。以自由與平等爲例，自由主義的出發點假定了一個自然人的權利，它並不像古典希臘文化像柏拉圖、亞里士多德那樣要人修德。國家的組織是自然人爲了自利而自願納入的一種體制，事實上並沒有什麼超越個人的更高價值。在理論上人人一律平等，在實際上完全不是這麼回事。美國是根據自由主義的理念建立的一個國家，國歌裏特別標示出這是自由人的國度，自由女神像更是它的象徵；獨立宣言則明言，人生而平等，擁有與生俱來的權利。然而在事實上，這卻是一個蓄奴的國家，一直到南北戰爭以後，黑奴才得到解放，甚至到今天，黑人還受到嚴重的歧視，洛杉磯警察痛打黑人洛德尼‧金所觸發的暴亂恰正是一個不可忽視的徵象。由此可見，美國的現實社會竟還像喬治‧歐威爾在《動物農莊》中所說的那樣：有的人比別的人更「平等」一些。無可諱言，美國初期只有受教育與有資產的人才有資格投票，黑人與婦女的投票權是經過長期的鬥爭所爭取得

到的結果。由此可見，所謂自由的社會並不見得是平等的社會，民主也不真的就是人民作主。

　　當然有人可以辯稱，自由社會的法律只保障機會的平等，並不保障結果的平等。有自由競爭，就必定有人成功，有人失敗，而這恰正是資本主義制度與社會主義制度根本分野之所在。但我的問題在，像美國這樣的社會之中，真有所謂機會的平等嗎？我的答案是，決沒有這麼回事。而美國社會的不平等並不是偶然的結果，乃是體制所造成的必然的結果。我在南伊大當教授，做美國的納稅人近二十年之久，這才終於明白這一個體制運作的方式。美國除了要納聯邦政府稅、州政府稅之外，還要納地方政府稅，而後者是取之於地方，用之於地方的。故此在美國，只要條件許可，必定要買好的地區的房產，這樣的地區才有好的學校，好的社會服務。貧民區、黑人區因爲收不到稅，所以治安不佳，各方面的條件都一塌糊塗。在這樣的環境之下長大的孩子怎麼會有均等的機會呢？在民主黨執政的時代還多少重視社會福利，但雷根當選以後共和黨執政了十二年，令富者越富，貧者越貧，美國社會的危機如今已響起了警鐘，許多知識份子對於當前美國的情況感到憂慮，充滿了悲觀的情緒。

　　西方如今正掀起一股思潮向傳統的個人主義、自由主義挑戰。人不可以徹底的自私自利，做許多有害公益的行爲。人必須要體現到自己對社會的責任，人與人之間要交通、互助。這並不是說要回到集體主義的窠臼，恰正相反，政府需要限權，不能只做特殊利益的工具，公共領域（public sphere）必須擴大，民間社會（Civil Society）的活力也一定要增長，重視通俗文化，這才有希望開拓出新的道路來㉒。

　　有趣的是，現在北美的經濟不景氣，歐洲問題眾多，全世界經濟

發展最好的地區是在亞洲。日本固然有雄厚的經濟力量，其他如亞洲的四小龍：韓國、臺灣、新加坡、香港，莫不有儒家傳統的背景。《時代雜誌》（六月十四日）採取孔夫子做封面，專題討論亞洲式的民主，以日本與新加坡為典範。這樣的民主無須政府的轉移，主導思想是一種柔性的權威主義。文章引述了《歷史之終結》的作者：日裔美人福山的言論，他認為在今日足以向西方意理挑戰的，不是伊斯蘭的原教旨主義，而是亞洲的社群主義。《時代雜誌》的文章所說的有許多不諦之處，對於亞洲的成就不免有溢美之辭，也有刻意聳動之嫌。但由此卻可以看到，今日的西方已經喪失了往日的自信，充滿了自責自省的情緒，反倒急於向亞洲學習，吸取一些有用的養分。

事實上今日衛護西方式的民主體制者並不認為它是一個理想的制度，而是把它當作一個必要之惡，免於陷落到獨裁專制的禍害。令我不解的是，胡適在美國住了那麼多年，從來沒有對美式的民主提出任何批判的言論。他好像停留在他自己的夢幻世界之中，只要一引進西方式的科學與民主，一切鬼魅如貧窮、疾病、愚昧、無知之類就會消逝於無形。不幸的是，這些鬼魅一樣在美國橫行，根本找不到有效的對治之道。最致命的是，胡適完全忽視西方的帝國主義對世界所造成的禍害。激進的西方知識份子如福柯（Michel Foucault）作了許多工作，把西方體制，包括醫院制度，背後的權力結構整個暴露了出來㉓。我們自不必同意福柯的見解，但胡適對於西方體制可能產生的問題完全視若無睹，只是一味加以無條件的讚頌與崇拜。這就失去了作為一個偉大的知識份子的條件。

最後，論者指出，杜威的改良主義適合於美國的國情，而胡適的點點滴滴的改良主義卻不合乎當時面臨亡國滅種的威脅的中國的需要。簡單來說，胡適提不出可以落實他的理想的方案，大陸終於被共

產的激進浪潮所席捲，胡適不得不去國，變成了他自嘲的「過河卒子」。

五、結論

　　由以上的討論我們清楚地可以看出，如果胡適眞的照他自己所提議的去全盤西化，那麼順著西方由現代到後現代的方向走去，就會對啓蒙的科學、民主觀提出強烈的批判，甚至回過頭來肯定儒家傳統重視社群的價值。全盤西化的努力最後不能不引致否定全盤西化的結果，這是一個有趣的「歷史的弔詭」。

　　最後我想要指出的是，表面上看來胡適是個最激進的西化份子，其實他根本無法跳出中國傳統知識份子的窠臼㉔。如果胡適眞的徹底西化了，對於一個現代的科學工作者來說，科學只是他從事的一個行業，而民主也只是他所熟悉的一個體制而已！這些都並沒有什麼特別神聖的意義。而胡適卻有傳統中國知識份子那種擔負，由科學與民主看到拯救我們文化的靈丹，這是典型的中國傳統知識份子的反應。蔣介石在胡適逝世時譽他為「舊道德的楷模」，這又是「歷史的弔詭」的另一個表徵罷！

注　釋

❶參余英時：〈中國近代思想史上的胡適〉，《中國思想傳統的現代詮釋》（臺北，聯經，一九八七），頁五一九～五七四。

❷參 Kenneth Baynes, James Bohman, and Thomas McCarthy ed, *After Philosophy: End or Transformation*? (Cambridge, Mass.: The MIT Press, 1987).

❸參 Richard E. Palmer, *Hermeneutics* (Evanston: Northwestern University Press, 1969).

❹參 Hans-Georg Gadamer, *Truth and Method* (London: Sheed & Ward, 1975), pp. 273f－337f, p. 358. 我並不是完全同意高達美的見解，因爲不免有墮入相對主義的窠臼之嫌，參拙作：〈「理一分殊」的現代解釋〉（香港《法言》總第十七期，第十八期，一九九〇年八月、十月）。此文已收入文集《理想與現實的糾結》（臺北，學生書局，一九九三）之中。但高達美確爲我們提供了一些睿識，如果把解釋學的技巧作適當的運用，很可以幫助我們理解思想史上的一些現象。

❺參唐德剛譯註：《胡適口述自傳》（臺北，傳記文學出版社，一九八一），頁九八～一〇二。

❻參余英時，前揭，頁五二五～五二九。

❼同上，頁五三六～五四〇。

❽同上，頁五四一～五四七。下面的一節大體是余氏觀點的再述。

❾參 Wilhelm Windelband, *A History of Philosophy*, fr. James H. Tufts (New York: Harper Torchbooks, 1958), pp. 8－18.

❿參傅偉勳：《從創造的詮釋學到大乘佛學》（臺北，東大圖書公司，一九九〇），頁九～一二。

⓫參傅偉勳：《從西方哲學到禪佛教》（臺北，東大圖書公司，一九八六）對於「胡適、鈴木・大拙與禪宗眞髓」的討論，頁三二一～三四三。

⓬同⓾，頁一〇。

⓭胡適：《中國古代哲學史》（臺北，商務印書館，一九五八），頁五～八。

⓮有廣泛影響力的「中國文化與世界」宣言恰正是在一九五八年元旦在《民主評論》與《再生》同時發表，由張君勱、唐君毅、牟宗三、徐復觀四位學者署名。此文現收進唐君毅：《中華人文與當今世界》（臺北，學生書局，一九七五）下册的附錄之內，頁八六五～九二九，被視爲發佈當代新儒家的見解最全面也最有代表性的一篇文獻。

⓯關於杜威的形上學，參John Dewey, *Experience and Nature*, 2nd ed. (London: George Allen & Unwin, 1929），他的邏輯與知識論的成熟見解，參

Logic: The Theory of Inquiry（New York: Henry Holt and Co., 1938）。

⑯參A. J. Ayer, *Language, Truth and Logic*, 2nd ed. (London: Victor Gollantz, 1946).

⑰參W. V. Quine, *From a Logical Point of View* (Cambridge, Mass. Harvard Universit Press, 1953).

⑱參Richard Rorty, *Philosophy and the Mirror of Natuare* (Princeton: Princeton University Press, 1979). 又參 *After Philosophy*，同❷，pp. 21－66。

⑲參劉君燦：〈科學‧中國‧胡適〉，《國文天地》第六卷第七期：「海峽兩岸論胡適專號」（一九九〇、十二），頁六四～六九。

⑳關於此一爭議，參拙作：〈文化論爭的回顧與批評〉一文，後收入文集《文化與哲學的探索》（臺北，學生書局，一九八六），頁一四～二〇。

㉑參莊萬壽：〈胡適對民主政治的言論與實踐之重新評價〉，同⑲，頁四四～五〇。

㉒支持這種看法的一位主要人物查理士‧泰勒（Charles Taylor）於一九九三年初到中文大學開「公開空間與公共文化」的國際會議，擔任主題演講。對於他的思想的介紹，參*After Philosophy*，同❷，pp. 459－488。

㉓參*After Philosophy*，同❷，pp. 95－117.

㉔參林毓生：〈五四時代的激烈反傳統思想與中國自由主義的前途〉，《思想與人物》（臺北，聯經，一九八三），頁一三九～一九六（特別是頁一六三注三一說得很明白：「顯然得很，胡適在研習杜威思想之前，『藉思想、文化以解決問題的方法』已先入爲主。」）

史學的終結與最後的「中國通」
——從現代美國思潮談到近年來的中近史研究

梁元生

一、引言: 現代美國思潮中的
「阿普瑪托斯現象」(The Appomattox Phenomenon)

　　大多數人都會發覺到本文的題目脫胎於法蘭西斯・福山（Francis Fukuyama）轟動一時的新書《歷史的終結與最後一人》*(The End of History and the Last Man)* (New York: The Free Press, 1992)。福山的書又源於其一九八九年夏發表於美國《國家利益》*(National Interest)*季刊的一篇題為〈歷史的終結〉的論文❶。福山的論著深具啓發性，也引起很大的轟動和爭議。本文移用其題目，也希望達到啓發與爭議的雙重效果。

　　福山的論文和書籍，用宏觀的角度討論人類追求自我認識和追求富裕與自由的歷史進程。他依循黑格爾辯證思維的路徑，把歷史發展看成兩種對壘的勢力——即追求民主、自由和財富的動力及其相反的力量——競爭和對抗的結果。他從東歐及蘇聯共產主義的崩潰立論，認為二元時代已經結束。與追求自由、民主、財富相對的封建制度、法西斯主義、專制王朝及近世共產主義都已走到了末路窮途，在以後的世界中，追求自由、平等、民主和財富的思想變成了普世的要求、

人類共同的願望。民主政制和資本主義因此再沒有對手，也再沒有挑戰，故他稱此爲「歷史的終結❷。」當然他的意思並非歷史從此結束、人類不復生存；也不是說世界上再無糾紛，而是說「大歷史」（Meta-history）進入了長期不變的狀態，因爲其方向已經淸楚，其意義已經明確。

雖然福山的書引起不少爭議，但以其引起的轟動和熱烈反應來說，可知其說法也實在地觸動了現代美國人的心弦，反映了現代美國思潮中一個流行的趨勢，即本文中所說的「阿普瑪托斯」現象。

西方有言「阿瑪革頓」（Armageddon），意即末世之大戰爭，也就是歷史的終局、世界的末日。這裏所說的「阿普瑪托斯」（Appomattox）也是一場劃時代的大戰爭，發生於南北戰爭末期。於此一役，南方著名統帥李羅伯（Robert Lee）將軍投降，結束了美國南北內戰。所謂「阿普瑪托斯」現象，即是經歷了動亂多變的時代之後，期待著一個長期而穩定的歷史時期來臨。「阿普瑪托斯」所不同於「阿瑪革頓」者，是在於其得勝奏凱之樂觀心態，而非對災難性的末日的恐懼和憂慮。

福山以爲共產主義崩潰之後，世界歷史已經進入長期不變或變無可變的狀態，這種想法充份地表現出「阿普瑪托斯」的樂觀和自信。戰爭已過，變動和波折已爲長期的穩定所取代。

這種思潮不但在學術界和思想界湧現，也在美國的流行文化和生活潮流中反映出來。《時代周刊》*(TIME)*的專欄作家芭芭拉・艾倫賴克（Barbara Ehrenreich）最近爲文敘述美國通俗文化在近數十年間經歷數變，六十年代是「嬉皮士文化」（Hippies Culture），七十年代是「友痞士文化」（Yuppies Culture），至於八十年代後即爲「休憩文化」。（原文是Couch Potatoes，以「電視和錄影帶

文化」意譯爲最貼切。）艾氏讖言此通俗文化將一直流行下去，因爲本來喜歡戶外活動的美國人，因在戶內的「沙發文化」浸淫日久，要再改變爲充滿活力的一種文化模式，已經心有餘而力不足了❸。

無論是從學術和思想的層次去看，或者是從一般人流行文化的角度去看，似乎許多美國人都認爲歷史已經進入一個長期穩定（甚至意味著「最後」）的時段，再沒有強而有力的挑戰，也沒有其他的選擇，歷史發展的方向已經明顯。這種思潮和心態，我稱之爲「阿普瑪托斯」現象。

這種心態在八十年代末期，即東歐共產主義的崩潰及蘇聯的瓦解後，表現得最爲明顯。但這種樂觀和自信在七十年代末與八十年代初的雷根時期已經出現，甚至許多歷史學者的觀點，也受到這種影響。

本文所關注的是美國的中國史學，尤其是中國近代史的研究。在這個範圍裏，也出現了「阿普瑪托斯」現象。一位著名史家認爲美國的中國近代史研究，從第二次世界大戰後到七十年代，經歷數變，而最終進入一個長期穩定的模式。借用福山的邏輯，我們可以說：「史學」（研究中近史的史學）經數變而發展到了盡頭，方向已經明確；一個新的史觀、一個新的史學模式像奏凱式的君臨天下，取代了以前的各種觀點，成爲一種長期不變而又共所接受的範型。

提出這個史觀的是柯保安（Paul A. Cohen），他所說的範型稱爲「中國中心觀」（China-centered history）。本文擬介紹和評價八十年代美國的中近史研究，即柯氏所說的「中國中心觀」出現後的史學。然而在此以前，有必要先簡介柯氏之論點及其所叙述的美國近數十年中近史研究之變遷。

二、最後的「中國通」:
柯保安看美國戰後之中近史研究

柯保安（中國大陸譯作柯文）是麻省威爾斯奈學院（Wellesley College）的歷史學教授，也是哈佛大學費正清研究中心的兼任研究員，生於一九三四年。一九五五年芝加哥大學畢業後，即進入哈佛大學研究院，投費正清（John K. Fairbank）門下，專治東亞史，一九五七年及一九六一年分別獲得碩士及博士學位。

柯保安著述甚豐，一九六三年出版第一本書《中國與基督教：傳教運動與晚清的排外主義》(*China and Christianity: The Missionary Movement and the Great of Chinese Anti-Foreignism, 1860-1870*)，一九七四年出版《傳統與現代之間：王韜與晚清之改革》(*Between Tradition and Modernity: Wang T'ao and Reform in Late Ch'ing China*)，一九七六年又和石約翰（John Schrecker）合編了《十九世紀中國之改革運動》(*Reform in Nineteenth-Century China*)❹。

柯氏所提出的史學觀點，見於其一九八四年出版的《從中國發現歷史：美國研究近代中國之史學著作》一書。在這部史學史的著作中，柯保安把第二次世界大戰之後美國的中近史研究趨向，歸納成爲三個階段和四個模式，分開四章論述❺。

戰後的頭二十年是美國中近史研究的第一個階段。在此時期，最有影響力的一個模式是以費正清爲代表的「挑戰──回應」模式。在費正清和鄧嗣禹合編的一本中國近代史教科書《中國對西方的回應》(*China's Response to the West*)中，開章明義地說：「在本書中貫

串著一個信念：那就是中國近代的歷史，包括中共興起的歷史，皆應從中國與西方接觸的背景去了解。」又說：「西方的影響，在在改變了（近代）中國人的生活和價值觀念❻。」

柯保安列舉了多本教科書和一連串的學術專著，證明「挑戰——回應」的模式在五、六十年代被史家廣泛地接受和應用。根據他的看法，美國五十及六十年代研究中國近代史上重要課題如鴉片戰爭、太平天國、中外貿易、百日維新、庚子拳變及辛亥革命等，都直接或間接地把它和西方衝擊加以連繫起來，意味著如果沒有西方的衝擊，則不會出現這一連串的革命、叛亂和改革。換言之，西方的介入是研究中國近代史的一條主線。

在第二個階段，即以六十年代為主的時期，美國的中近史研究進入「第二波」。一個以「傳統——現代」為主軸的模式已駸駸然成為史學的主流，有取代「挑戰——回應」模式的趨勢。

其實「傳統——現代」模式與「挑戰——回應」模式是一脈相承的，前者是後者的放大，也給予後者披上了一件更為精緻的理論的外衣。所謂傳統，即指「落後」的、「停滯」的及「靜態」的中國，而現代就代表著「朝氣蓬勃」的，甚至能「起死回生」的西化的力量。用柯保安的話來說，該段時期的著作在看中國的現代化歷程時，「西方扮演著一個使中國野獸重新變化為人的美麗公主的角色❼。」

在六十年代後期和七十年代初期，美國史家開始對早期的兩個研究模式感到不滿和力求突破。他們批評「挑戰——回應」說，認為前期史家誇張了西方衝擊對中國帶來的正面的反應。反之，他們認為西方的入侵，代表著「帝國主義」的力量，破壞性超過其建設性。他們又批評西化或現代化的理論。這些批評及由此而生的「修正史學」似乎又都環繞著一個主題，那就是「帝國主義」。柯保安提到貝克

（James Peck）及慕爾特（Frances Moulder），二氏皆認爲鴉片戰爭之後，中國因受到帝國主義的壓力，經濟受到破壞，故政治和社會相應地改變，直至共產革命成功，才把帝國主義的勢力摒除於門外。相反地，也有一些學者持不同的意見，他們也從帝國主義與中國的關係著手分析，但卻得到截然不同的結論。如侯繼明從商業和投資的觀點說明「帝國主義」對中國經濟影響不大，馬若孟（Ramon Myers）從農業發展方面論證「帝國主義」沒有帶來農村破產，而梅樂斐（Rhoads Murphey）則從條約口岸的生活和文化去反對「帝國主義」爲害中國的看法。總之，無論指責、批評或辯護，這段時期許多的中近史研究，都集中在討論「帝國主義」的論題上❽。

柯保安認爲從第二次世界大戰後到七十年代美國中近史研究的這三種模式，即「挑戰──回應」、「傳統──現代」與「帝國主義」，都帶著一定程度的偏見。這種偏見植根於其「西方中心」的思維方式（Western-centeredness），用柯氏自己的話來說，是「抹殺了中國的自主性，說到底就是把中國視爲西方文化的附庸」，是思想上的帝國主義❾。

在西方，對於研究中國歷史、文化和政治的專家、學者，一貫稱之爲「中國通」（China Hand）。以柯保安的觀點看來，戰後美國的「中國通」皆不算眞的通曉中國（「中國通，不大通」，用英文去說應該是handicapped China-hand），因爲他們帶了有色眼鏡，從西方本位去看中國問題，因此他們的研究處處受著美國本身的思潮和文化的影響。

到了七十年代，中國近代史的研究開始有了突破。柯保安認爲這是一個好的突破，美國學者逐漸脫離了以西方爲基點的史觀，建立以

中國為本位的歷史。史家叙述或評論中國史事，盡量採用了中國人的角度，及以中國歷史的內部發展為取向。柯氏稱這樣的研究為「中國中心的歷史」(China-centered history)。根據柯氏的看法，這種新史觀的出現，是由於美國知識分子反越戰之後的覺醒所致，也是美國知識界在七十年代全面地對第三世界作出反省的結果。因此，對中國研究有「中國中心」史學，而對其他地區的研究，如中東史研究、非洲史研究及拉丁美洲的研究，也有同樣的趨勢❿。

我認為，柯氏批評七十年代以前美國「中國通」犯了西方本位的偏見，但他自己對美國中近史研究的分析，也不是完全客觀的。我曾經在一九八五年寫過一篇書評，指出柯氏書中所描述的三個階段和模式，與他自己研究中近史之歷程，有著密不可分的關係，是他的自我投射。換言之，柯氏個人研究的歷史，和他所描述的美國史學界的發展，是一而二、二而一的。柯保安其人，和柯保安的書，糾纏交錯，混成一體⓫。

當然，柯保安主觀性的自我投射及其客觀性的史學分析，並不一定是矛盾的。基本上我接受費爾愷（Albert Feuerwerker）的看法：柯保安對美國「中國通」的批評尚算公允，而他的「反民族中心」（anti-ethnocentric）的史學立場也應該加以肯定⓬。正因如此，我才對柯氏的論點作出扼要的介紹。而本文要處理的，也不是柯氏對七十年代以前美國中近史研究的看法，而是柯氏所遺留下來的兩個問題：⑴在七十年代之後，即進入柯氏所謂「中國中心觀」之後的美國中近史研究，是怎樣的一個概況？⑵八十年代以來的史學，是否真的如柯氏所言，脫離了以前「中國通」的偏見，是以中國為本位的真正的中國歷史？

三、「中國中心」史學（？）：
近年美國中近史研究趨勢

柯保安評述美國的中近史研究，引用書目最晚出版的是一九八〇年。從研究生的出路及教研職位的分配方面而言，八十年代的美國並非一個理想的時刻，但在學術研究和出版數量來說，八十年代可以算得上是個豐收的時期。在明清史和中近史這個範圍內的學術專著就有一百數十餘種之多，而在《亞洲學刊》*(Journal of Asian Studies)*、《近代中國》*(Modern China)*、《清史問題》（原來是*Journal of Ch'ing Studies*，後改為*Late Imperial China*）、《民國史研究》*(Republican China)*等學術期刊中發表的有關論文有數百篇之多。這還沒有把教科書及一般的史書計算在內。要對所有的專著和論文逐一進行評述是不可能做到的，所以本文只從下列四點去指出八十年代美國中近史研究的趨勢和特徵，在每個範圍內舉出一些代表性的著作為例證，至於較詳細的書單，則參見附錄。這四個特點是：(1)地方史和社會史的流行，(2)「公眾空間」和「公民社會」概念的普遍應用，(3)婦女研究及其他新課題的提出，以及(4)新資料的出現與歷史的補白和改寫。以下先從第一點說起。

㈠橫與豎的割切：區域研究及社會分析

近年美國中近史（甚至中國史）研究中出現了一個明顯的現象，就是試圖把中國劃分成為較小的和更易掌握的空間單位來研究，以求較為客觀而深入地對付中國的「複雜性」（Complexity）。這一點柯保安在討論「中國中心史學」時也評述過，而他自己也曾經嘗試把

「沿海文化」（Littoral）和「內陸文化」（Hinterland）分開來討論❸。不過，運用這種「橫切」的辦法（即Spatial Approach）去把中國劃分成不同的地區來探討其特色的，最有影響力的學者要算是史堅雅（G. William Skinner）了。人類學家出身的史堅雅早期治東南亞史，對泰國之近代變遷及華人在泰國之歷史素有研究，其著作在五十年代已斐聲國際。他從泰國華人及爪哇華人的比較研究中，發覺到這兩個同樣受到中國儒家傳統影響的社會，在文化認同、社會結構和經濟活力上都有著顯著的不同❹。與此同時，他又研究馬來亞地區的土生華人（Peranakans或Babas，史氏稱之爲混化的或變形的社會〔Creolized Society〕），注意到它與華人移民社會的差別。因此，他對各地區華人社會的分別（即「橫的差異」〔Horizontal Differentiation〕）很早就有了認識，當六十年代他把研究的焦點和興趣轉移到中國本土時，就自然地注意到各地區社會之特殊性。他通過「中心地區理論」（Central-place Theory）從地形及市場網絡的連繫，把中國劃分成爲不同的「大經濟區」（Macro-economic Regions）來進行研究，對美國中近史影響很大❺。史堅雅除了提出「大經濟區」的劃分觀念，還強調地區性的市場網絡和經濟組織對社會之影響，其中也涉及到「核心與邊陲」（Core and Periphery）概念之應用❻。八十年代之地方史及區域研究，當然不都全是史堅雅的弟子，或都跟隨著史氏的進路去進行研究，但都受到史堅雅橫切式的啓發，尤其是史丹福大學出版的中近史專著，可以作爲這個範疇的代表。

在區域研究中，有以城市或鄉鎮爲焦點，也有以縣或省爲對象，也有以更大的區域如閩粵或華南、華北等爲範圍的。研究城市的以上海爲最熱門。八十年代之前Mary Rankin、曼素珊(Susan Mann)、

Mark Elvin已經開始探索上海之社會史及政治史❶。一九八○年之後的研究者更多，魏克邁（Frederic Wakeman）多年研究上海工部局的檔案，已陸續有成果發表，首先是關於上海巡捕房的論文，現在又和葉文心合編：《流寓上海的人》(Shanghai Sojourners)一書，由伯克萊加州大學之中國研究中心出版❶。又有Emily Honig研究上海棉紗廠的女工，亦已出版成書❶，Gail Hershatter研究上海的婦女和娼妓，Parks Coble研究上海金融界及其在政治上的影響力，Joseph Fewsmith研究商團和政黨之關係，法國的Marie-Claire Bergere研究上海的資產階級，還有人去研究上海道台衙門，可謂相當熱鬧❷。

其他以點為出發的地方史，包括Hillary Beatie及Ted Telford的桐城研究，James Cole的紹興研究，Robert Marks的海豐研究、Gail Hershatter的天津研究、David Strand的北京研究及William Rowe的漢口研究❷。而以William Rowe的兩本著作最深入和為人稱道。

焦點比較大、範圍擴大到一個省份或一個地區的有：黃宗智（Philip Huang）華北農村的分析，Elizabeth Perry華北地區民變和暴亂的研究，Peter Purdue湖南農村的研究，Leif Littrup繼David Buck後對早期山東的研究，Edward Vermeer對陝西中部經濟發展的探討，及Andrew Forbes對近代新疆軍閥與回民的考察，皆屬此類❷。然而，主要的研究範圍還是沿海地區，特別是江浙與華南。除了上述上海、紹興及桐城之研究外，致力於近代江南區域的還有Richard von Glahn, Kathryn Berhardt, Steven Harrell, Jerry-Dennerline。而Mary Rankin與Keith Schoppa兩人則對浙江一省情有獨鍾，前者寫一八六五年至一九一一年浙江之政治變遷與領導階

層，一九八六年由史丹福大學出版，後者寫二十世紀初期浙江之領導層與政治變革，一九八二年由哈佛大學出版。至於華南區之地方史，尤其是以珠江三角洲爲重點之研究，人員甚夥，包括蕭鳳霞、陳明銶、科大衛、蘇耀昌、Yuen Fong Woon、Janice Stockard等人，皆爲大家所熟知。

總的來說，這段時期的地方史研究，相當蓬勃。而且近年之區域研究，重點是地區內的長期性之文化積澱與社會發展，和七十年代以史事爲經、地方爲緯的區域研究（如Angus McDonald研究辛亥革命在兩湖、黃宇和研究鴉片戰爭與廣東等），重點稍有不同。

如果我們把區域研究看做「橫的割切」，那麼「豎的分層」便是指社會中各個階層和各種社群的研究了。其實，八十年代的地方史也是以社會史爲主線的。有的集中於研究社會上的組織和結構，如宗族和里甲制度，這類的研究有許多受了英國人類學家Maurice Freedman的影響，當然也有蕭公權的影子㉓，不過範圍比較狹小，而且也強調地方社會之特殊性，多於傳統中國之統一性。另一方面，八十年代的社會分層研究，也脫離了以官僚爲中心的傳統重點，開始注意到社會上的各個階層，包括了下層的平民社會內的不同社群。除了農民和工人之外，連「豬仔」、奴婢、娼妓、流氓地痞、難民、無賴、接生婆、自梳女、手車夫都受到研究者的注意，而且對這個社會之底層階級（Underclass）之研究，還會再有推展的趨勢，包括了黑社會和乞丐等。William Rowe的漢口研究已經走向這條途徑，Joseph P. McDermott研究清末太湖地區之傭工和David Schak對近代和現代臺灣窮人和乞丐的研究，上文所引Hershatter有關上海娼妓的論文，便是這個趨勢下的代表作㉔。

當然，地方社會上的領導階層的研究（即Elites studies）則更

多了。以前這個叫做「士紳研究」，以張仲禮及何炳棣的著作爲代表❷。西方則把社會上的精英分子分別用政治精英（Political Elites）、文化精英（Cultural Elites）、經濟精英（Economic Elites）及訓導精英（Directive Elites）來處理，但近代中國研究很多還是喜歡用「士紳」（Gentry）這個字（如 "Gentry-Landlords"，"Gentry-literati"，"Gentry-Merchants"等）。近年的研究開始突破傳統的「士紳社會」的界定和功能規範，注意到其在社會上扮演的「準政治性」（Parapolitical）的角色，特別是「商董」與「士紳」的關係。這方面的代表著作有Mary Rankin的書 *Elite Activism and Political Transformation in China*，對長江下游一帶尤其是浙江一省的精英分子，如何打破傳統的界限，積極地參與社會和政治，有很深入而精采的析論；而集中研究「商董」及商人與政治關係的，則要推曼素珊（Susan Mann）的 *Local Merchants and the Chinese Bureaucracy, 1750-1950*（Stanford，1987）。

七十年代研究近代中國社會經濟史的美國學者，不少屬於「新左派」（the New Left），採用馬克思及毛澤東的看法去看農民、工人、生產關係和階級矛盾。八十年代的著作中，黃宗智（Philip Huang）、Stephen Thomas和Robert Eng還反映著這種思想❷，但許多新人卻轉到不同的道路上了，這就是以下要介紹和分析的「公衆空間」與「公民社會」（Civil Society）的概念。

(二)理論和概念的應用：「公衆空間」與「公民社會」

近年的中近史研究（以美國爲主，但也包括中、港、臺學者），流行著兩個熱門的概念：「公衆空間」（Public Sphere）及「公民社會」（Civil Society），而二者中間又有著密切的連繫。似乎到

處都有人用這兩個概念去討論中國近代的社會、文化和政治關係，甚至用此為主題而召開之國際會議也有好幾個（一九九一年在法國巴黎，一九九二年在加拿大的蒙特里爾，一九九二年在美國洛杉磯加州大學等）。

首先應用「公眾空間」這個名詞和概念來研究中國近代社會的是Keith Schoppa㉗。他在《中國之精英分子與政治變遷》(*Chinese Elites and Political Change*)一書中，運用「公眾空間」的概念去說明清末民初浙江社會中之地方領袖，通過一些非官方的機構如商會和法團，逐漸取代傳統官僚一部份的公共承擔和責任。Mary Rankin也用「公眾空間」之概念去研究太平天國之後長江下游的精英分子，如何在社會行政上突破傳統的界限，把民族主義和地方主義用嶄新的方式融合為一，因此對國家和社會的關係，有了新的看法。William Rowe的兩本關於近代漢口的書（*Hankow: Commerce and Society in a Chinese City，1796-1889* 及 *Hankow: Conflict and Community in a Chinese City，1796-1895,* 史丹福大學出版，1984，1989）更清楚地表明以哈柏瑪斯（Jürgen Habermas）的「公眾空間」理論，表探究漢口市民與社會和國家之關係，Rowe認為漢口紳商及地方社團所辦理的公益事業和民眾服務，如同仁堂、救火隊等，可與哈柏瑪斯所言近代歐洲之「公眾空間」相比擬。此外，David Strand也是採用同樣的概念，去看民國初期北京市居民的政治意識和集體利益㉘，Joseph Fewsmith則以近似的方法去看上海的紳商的政治參與㉙，Prasenjit Duara也利用此概念去考察華北的族田、公產及其他社會公益㉚。

其中Rankin和Rowe倡議最力，Rowe在一九九〇年七月份的《現代中國》學刊中發表了〈現代中國的公眾空間〉（The Public

Sphere in Modern China）一文專門介紹哈柏瑪斯的理論，及其應用於中近史研究之可能性。Rankin的論文〈中國的公衆空間及其起源〉（The Origins of a Chinese Public Sphere）則載於一九九〇年秋季法國出版之《中國研究》(Etudes Chinoises)學刊。

由於上列數位學者之影響，近年美國的中近史，尤其是中國近代社會史的研究和討論，總離不開「公衆空間」這個課題，及由此推衍出來的「公民社會」（Civil Society）及「平民文化」（或「通俗文化」）（Popular Culture）的研究，注目點是官僚系統及國家政權之外（Extra-bureaucratic）地方社會上的「準政治」（Parapolitical）的形態和力量❸❶。

以一個西方的社會哲學概念及其預設來應用於中國社會及歷史研究上，而成爲一種「顯學」或風氣的，以前有馬克思和韋伯，現在的哈柏瑪斯竟然駸駸然有取代前人之勢。

專門研究哈柏瑪斯及其「公衆空間」理論的美國社會哲學家Craig Calhoun，年初在香港中文大學的一次演講中，卻對西方中近史界的這種趨勢有很強烈的批評，首先他認爲許多中國研究者沒有把「公衆空間」和「公民社會」這兩個相連而不等同的觀念分辨清楚；再者，他認爲許多學者用「公衆空間」概念闡述中國社會中「官——公——私」的三角關係，有些附會和牽強之處，背景不盡相同❸❷。

孔復禮（Philip Kuhn）對這種流行的「概念史學」，也提出了質疑。他說：「『公衆空間』有時候看起來彷彿是一種崇英心態（Anglophilic）下的資產階級的伊甸園。我們不得不懷疑它是否有足夠的歷史實質，作爲與中國歷史比較和互相參考的基礎？……我們必須特別小心，不要把一種目的論的觀點投射於明淸時期的中國❸❸。」

　　Craig Calhoun把這種「目的論」說得更清楚。他認為美國流行這種史學，和東歐「公民社會」的興起及共產主義的崩潰，有著一定程度的關係。研究「公民社會」及「政治議論」(Political Discourse)，特別是強調國家控制之外的社團和市民組織制衡政府和反對政府的力量，其目的是走向民主，反對專制。他認為不少中國專家是循此目的而進行學術研究的❸。

　　要明白學者們在近代中國「重建公民社會」或「重新發現公民社會」的用心，當然不能過於簡單化，認為拿學術來為政治服務；不過，既然用「公眾空間」和「公民社會」這樣在西方具有特義的概念來解釋中國史，就不能不照顧其特定的社會背景和政治意義。既然從黑格爾、托克維爾，到馬克斯和哈柏瑪斯，討論到「公民社會」時都有涉及國家權威與民主政治之因素在內，而東歐流行「公民社會」的議論原因也在此。職是之故，我們對於近年美國中近史研究中流行此兩個概念，就不能說它不是受了政治思潮的影響了。至於不管來由的胡亂套用，或者是趁時髦的人云亦云(Jumping-on-bandwagonism)，則比「目的論」史觀更不可取。因為概念史學在理論上和分析方法上都可以有很大的啟發性，對學術研究有所裨益，而比附論和套用法卻每多誤導。我認為還是應該回到柯保安原先的態度：從中國社會內部去發現問題，用實在的史實和資料為基礎而創發或疊架出來的理論，才是「中國本位」的史學。

(三)新範疇及新課題的提出：婦女研究與「補贖史學」

　　七十年代之後美國中近史研究中另外一個熱門課題是婦女史。當然，地方史、社會史和婦女史之間的關係密切，並不是完全分開的範疇。初期的婦女研究，多數是把婦女作為社會史或地方史的一個部份

和環節處理，以她們的社會功能和社會角色爲研究重點。發展到了最近數年，婦女史在「廣化」及「深化」兩個層面上皆取得了相當不錯的成果。所謂「廣化」，即是把研究的焦點，不止集中在婦女的社會地位這個問題上，也包括了家庭、婚姻、生養、教育、醫療及婦女福利等課題；所謂「深化」，意思指研究不是一個泛婦女群，而是分門別類，連某種婦女習俗（如自梳女），又或者某一個特定時段中的文化心態都成爲研究的對象。再者，更有把兩性之關係及同性之關係，分別從文化史、心態史或法制史不同的角度去進行考察，五花八門，不一而足，出版的論文和書籍的數量和質量，都超越了七十年代的婦女史研究。一九八七年二月號的《亞洲研究學報》收錄了三篇中國近代婦女史的文章，從中可以窺見近年婦女史的開展路向。這三篇文章的作者是Charlotte Furth, Susan Mann及Vivian Ng（伍慧英）。Furth寫清代婦女懷孕和生育的問題，以生理學、醫學史和社會史的整合爲研究路向；Susan Mann寫清代寡婦與家族和社會之關係，走的是她一貫的社經史和文化史路線；而Vivian Ng寫女性與強姦之有關法律，另開一條揉合法制史與社會史之新路[35]。這三條線上都各有同志，而且有男有女。除上述三個路向，最近還流行用「婦女文化」（Woman's Culture）的概念去看婦德、婦道與女學、女教，如Dorothy Ko（高妍頤）〈十七、十八世紀中國公私兩域中之婦女文化〉（Woman's Culture in the Private and Public Spheres in 17th and 18th Century China）及〈十七、十八世紀中國之教育與婦女文化〉（Education and Woman's Culture in 17th and 18th Century China）[36]；Susan Mann的〈章學誠之「婦學」：中國第一本婦女文化歷史〉（'Fuxue' by Zhang Xuecheng(1738-1801): China's First History of Woman's Culture)[37]，此外，還有Mark

Elvin, Kathrine Carlitz, Ann Waltner及Harriet Zurndorfer諸人
的論文，也屬此類❸。另有循心態史（History of Mentality）的進
路研究女性心理和兩性關係的。在最近的兩性研究中（Gender
Studies）更有以春宮、同性戀，甚至悍婦懦夫等爲題材的❸。至於
研究社會上的各類婦女和娼妓、自梳女、妹仔、妾侍等及其與家庭政
治和文化之關係，上面已經提過，在此不贅。

　　婦女研究在七十年代開始流行於西方，近年在港臺也相當普遍。
究其興盛之由，雖有各種不同之因素，但美國之女權運動及女性意識
之高漲，的確也是一種推動史學研究的力量。在美國，以前雖然也出
版過不少關於婦女的史書，但著意地提倡以女性觀點重寫歷史和發掘
歷史的，應該以June Sochen所著*Herstory*（1974）最具象徵意義
❹。June Sochen以爲過去之歷史書皆是男性中心的歷史，連「歷
史」（History）這個詞都包含著這種偏差（His-[s]tory），故她把
「歷史」這個字的英文串法改爲Her-story，提出了用女性角度去重
寫歷史的問題。影響所及，不但牽涉女性角度和角色的問題，而且帶
動了史學研究範圍和興趣的轉移。一向被認爲是史學正統範圍的政治
史，思想史及外交史，都被看成「男性的歷史」（Macho-his-
tory）。由於沒有從女性角度去看歷史，故此這些範疇取得了正統的
地位，但七十年代女性意識興起之後，社會史、勞工史（尤其是女
工）、心態史、風俗史、通俗文化的研究等便逐漸抬頭，因爲在這些
範疇內，女性觀點和婦女研究比較容易發揮。當然，新範圍或新課題
的提出和流行，不完全是女權運動所導致的。我所要強調者是西方國
家和社會中一些政治、文化及社會的思潮，都會對史家的研究興趣帶
來影響。

　　美國七十年代流行的婦女和少數民族歷史的研究，和其國內的社

會意識與民權運動是有著密切關係的。各大學中「婦女研究」及「少數族裔」課程的設立，以及聘用人員時普遍應用的「優惠婦女及少數民族」的標準（Affirmative Action），有人以為是一種「補贖」的工作，意思謂糾正以前的忽略和錯誤。用之於史學研究，我們也可以說近年流行的新課題和新範疇，都是針對以前「正統史學」（政治史及其他以男性為中心的歷史）的一種反動，也可以說是一種「補贖史學」（Compensatory History）。這當然還包括了婦女史以外的一些新範圍和新課題，如History of Mentality（心態史）、History of Emotions、History of Sexuality、History of Human Body等❹，在哲學上對人的自我認知，化成史學上的「人的歷史」的研究，也是以前人很少觸及的課題。此外，醫學史及法制史，特別是結合社會史和文化史來研究，也成了受注視的新課題。

「補贖史學」在一定的程度上有其積極的貢獻和作用。至少一些以前忽略了的題目和氛圍被重新提了出來，使我們對歷史有了較為平衡的、多層面、多角度及多詮釋的認識，使得史學更趨多元，更添姿采。然而，史學家們會否因此而貪新忘舊，放棄原有的研究範疇和所謂正統的題目呢？在以前流行的外交史、政治史及思想史的範圍內，有沒有新的著作和成果呢？以下嘗試對此問題作一解答。

㈣新資料與新檔案之運用：歷史補白與「修正史學」

龔忠武寫《學術與世變》，強調做學術研究的知識對政治和時勢變化的影響，但在過去十數年中，世變對學術的影響似乎更大。對歷史研究工作者言，「鐵幕」國家資料的開放，更是對政治史和外交史研究的一大刺激。由於大量新資料的出現，中近史領域內一些所謂「傳統範圍」（即政治史和外交史）在過去十餘年中，大量運用新資

料和多元檔案的做法（ Multi-archival Approach ）也取得了很好的
成績。如中蘇外交史：John W. Garver的 *Chinese Soviet Relati-
ons*, *1937-1945: The Diplomacy of Chinese Nationalism*；中德關
係：William Kirby的*Germany and Republican China*；中美關係
有Michael Schaller的*The U. S. Crusade in China*, *1938-1945*及
The U. S. and China in the Twentieth Century 以及 Michael
Hunt 的 *The Making of a Special Relationship: The U. S. and
China to 1914*⑫都大量地引用外交檔案資料，但採用的角度皆屬
「修正史學」（ Revisionist ）路線。以後我相信這個傳統範圍內還
會有一些新書出現，因爲檔案資料的經過科技整理，製成縮微膠片，
能爲更多學者所應用。以前珍藏於一兩處的文件，現在都在大學圖書
館可以看到。以美國爲例，國務院的秘密檔案許多皆已由美國大學出
版社（ University Publications of America，簡稱UPA ）製成縮微
膠片，方便應用；而有關中國近代史部份的國務院中國檔及外交文
件，又有學術資料公司（ Scholarly Resources ）製成縮微膠捲發售。
十九世紀部份有：

Diplomatic Instructions，1843-1906   7捲

Diplomatic Despatches，1843-1906   131捲

Notes to the Chinese Legation，1868-1906   2捲

Notes from the Chinese Legation，1868-1906   6捲

Consular Reports:

        Amoy，1844-1906   15捲

        Canton，1790-1906   20捲

        Chefoo，1863-1906   9捲

Chinkiang, 1864-1906	9捲
Chungking, 1896-1906	1捲
Foochow, 1849-1906	10捲
Hankow, 1861-1906	8捲
Nanking, 1902-1906	1捲
Ningpo, 1853-1896	7捲
Shanghai, 1847-1906	53捲
Swatow, 1860-1881	4捲
Tientsin, 1868-1906	8捲

以上之《領事報告》只舉其犖犖大者，其他較小城市則省略；至於二十世紀之膠片，總名為《國務院有關中國內政之檔案紀錄》*(Records of the U. S. Department of State Relating to the Internal Affairs of China, 1910-1949)*，共有五百餘膠捲，分四個時段：

1910-1929	編號 M329，共227捲
1930-1939	編號 S1411，共167捲
1940-1944	編號 S1421，共 43捲
1945-1949	編號 S1431，共 69捲

再者，一些近代出版之報紙、刊物及有關資料，如教會刊物、差會檔案，都拜科技之賜而為研究者提供了很大的方便。魏克邁（Frederick Wakeman）一直研究上海巡捕房多年❹，運用的是上海工部局的巡捕房檔案，現在也都拍成縮微膠片（Shanghai Municipal Police Files: 1929-1944，共67捲），可以供給你我應用了。還有更

加便利的，就是把這些檔案紀錄編印成書。對研究中外關係極有幫助的，可以Jules Davids所編的兩大套《美國外交公文》爲代表。第一套已於一九七九年出版，名爲*The United States，China，and Imperial Rivalries，1861-1893*，共有18冊，由Scholarly Resources出版，皆爲原始資料。第二套名爲*The Sino-Japanese War to the Russo-Japanese War，1894-1905*，於一九八二年出版，仍由Jules Davids主編，共14大冊。

由於這些檔案資料的公開和普遍，只是近十餘年的事，故我們相信本著這個基礎研究出來的成果，應會在未來數年中陸續出版，進入收成的季節。

另外一個傳統範圍——政治史——的研究，相對地說是變得較爲冷門了，但也並不是一片荒蕪，尤其是民國史，更可以說是向前跨進了一大步。七十年代的大家如韋慕庭（Martin Wilbur）及易勞逸（Lloyd Eastman）在八十年代還是勤於著述，前者的代表作爲《中國的國民革命》*(The Nationalist Revolution in China, 1923-1928)*（1988），後者則有《毀滅的種子：國民政府時期的戰爭與革命》*(Seeds of Destruction: Nationalist China in War and Revolution，1937-1949)*❹。其他民國史方面的專著，有Robert Bedeski的*State Building in Modern China: The Kuomintang in the Prewar Period*（1990）；Parks Coble的*The Shanghai Capitalists and the Nationalist Government*（1981），葉文心（Wen-hsin Yeh）的*The Alienated Academy: Culture and Politics in Republican China，1917-1937*（1990），Parks Coble的*The Shanghai Capitalists and the Nationalist Government*（1980）❺。其他新生代民國史專家還包括Stephen Averill,Prasenjit Duara, Diane Lary等。Arif Dirlik和Shum Kui-kwong研究共產運動的崛起，也落實於此段時期❹。再加上述外交史的一批，以及《民國》*(Republican China)*學刊論文的作者群，這個領域並不寂寞。但研究清代政治，甚至一九四九年以後中國政治的歷史書，則明顯地比前個階段爲少。

思想史的範圍也明顯地「降溫」了。在前階段，不但毛澤東思想受到史華慈（Benjamin Schwartz）及魏克邁（Frederic Wakeman）等人的重視，連許多不大不小的近代史人物的思想，都有專人去研究，例如柯保安研究王韜、李歐梵研究五四時代的「浪漫作家」、Maurice Meisner研究李大釗等等。反觀八十年代，思想史的專著實在寥寥可數，最具代表性的包括：張灝的《危機中之中國和知識分子：秩序和意義的尋求》*(Chinese Intellectuals in Crisis: The Search for Order and Meaning, 1890–1911)*（1987），艾爾曼（Benjamin Elman）的《從哲學到文字學》（From Philosophy to Philology）（1984），以及Joey Bonner的《王國維傳》（Wang Kuo-wei: An Intellectual History）（1986）等。反而在中國古代史的領域內，思想史仍然是一個主流。

最後，我還要討論一個傳統範圍，那就是人物傳記。在七十年代或以前的近代著作中，不乏以人物爲主線的研究著作（如康有爲、梁啓超、孫中山……），或者，以事件爲主導的研究著作，（如鴉片戰爭、太平天國、中法戰爭、辛亥革命……）七十年代之後的史學，已經很少以大事件（Event）爲主軸，多數研究都受了「年鑑學派」（Annales School）的影響，注意的不是「事件發生」（變），而是長期的逐漸發展（longue durée）。雖然以「史事」爲主的歷史（Event-oriented History）明顯地減少，但以人物爲主的歷史

（Person-oriented/People-oriented History）還是相當的多。以人
物傳記而言，我可以舉出：Joshua Fogel寫艾思奇，Jonathan Spe-
nce寫胡若望、汪榮祖寫章炳麟、Stephen MacKinnon寫袁世凱之
後，又與妻子Janice MacKinnon合寫史沫特萊、Michael Scha-
ller寫麥克阿瑟（內涉及他與中國之關係）、Joanna Handlin寫呂坤、
Rey Chou寫胡適、Caleb Carr寫華爾（Frederick Ward）、Paul
Evans寫費正清、Joey Bonner寫王國維、Charles Hayford寫晏陽
初、Robert Newman寫拉鐵摩爾（Owen Lattimore）。我想特別
指出一點，就是許多本人物傳記都採用了新近開放的檔案資料，和
用「修正史學」的觀點出發作傳的，如MacKinnon夫婦的《史沫特
萊傳》及Robert Newman的《拉鐵摩爾傳》，明顯地在修正傳統史
學（尤其是官方Court historians）對二人的看法**❹**。Stephen Ma-
cKinnon和Ories Friesen合作的另一本書 *China Reporting: An
Oral History of American Journalists in the 1930s and 1940s*
（1987）也是旗幟鮮明的「修正史學」著作。他們利用新開放的檔案
和在已經改變的政治氣氛的雙重條件下，重新改寫歷史，沒有太多的
政治顧忌。像史沫特萊和拉鐵摩爾，以前都被認為是共產黨特務分
子，譭多於譽；現在共產黨的威脅已經解除，麥卡錫時代已經過去，
他們的傳記不但能寫，而且可以被寫成「英雄」、「烈士」的模樣。
這是「世變」對學術的影響。

四、結語

　　八十年代美國的中近史研究之輪廓和趨向，已如上述，由於出版
之論文及專著數量甚多，難以一一盡錄，滄海遺珠，所在不少，我們

只能歸納地概括地加以評述而已。最後，讓我把這段時期之中近史研究之特徵總結如後：

1. 「大一統中國」的退隱，地方社會和地方文化的被重視；
2. 政治史、制度史及外交史的研究退潮，社會經濟史及社會文化史則成爲學術主流。
3. 六十、七十年代流行的農村研究已經降溫，八十年代轉向都市，尤注目於「公民社會」。
4. 以前的研究重點在於描述和解釋「變遷」（Change），近年的研究則比較重視持續性的發展（Continuities）。

在中近史研究的領域內，這幾種趨向帶來了新的刺激和動力，在研究理論和方法上、在新課題和新資料的提出和運用上，都有正面的貢獻。可是，我不認爲美國的研究者已經做到了柯保安所說的放下了有色眼鏡，擺脫了西方思潮的束縛，而能夠以中國爲本位的態度，在中國社會和歷史中發掘問題和提出解決的方法；反之，在中國史研究中所提出的許多新理論、新範疇和新課題，與西方及美國的流行思潮和本身社會的變遷，有著千絲萬縷的連繫，並不是柯保安所說的「中國中心」史學。

本文之撰寫蒙蘇基朗、劉義章及馬木池三位在意見及資料上予以協助，謹此致謝。

注　釋

❶Francis Fukuyama, *The End of History and the Last Man*（New York: The Free Press, 1992）. 有關福山的書及論文之簡介及批評，見香港中文大學中國文化研究所出版之《二十一世紀》第十一期（一九九二年六月）鄒剛及李弘祺之書評，頁四四～五六。

❷同上。

❸艾倫賴克女士乃《時代雜誌》的專欄作家（Columnist），原文刊一九九三年元月二日之《時代週刊》末頁。

❹文中所列舉三書，為柯保安的主要著作，皆由哈佛大學出版。柯氏尚有許多篇論文，收入不同的論集和中國近代史參考書之中，例如費正清編：《劍橋中國史》晚清卷內便有柯氏的一章。

❺Paul A. Cohen, *Discovering History in China: American Historical Writings on the Recent Chinese Past*（New York: Columbia University Press, 1984）. 此書中國大陸及臺灣均有中文譯本。

❻John K. Fairbank and Ssu-yü Teng, *China's Response to the West*（Cambridge, Mass. Harvard University Press, 1954）pp. 4－5.

❼Cohen, *Discovering History in China*, pp. 151－152.中譯文引自柯文：〈美國研究清末民初中國歷史的新動向〉，見蔡尚思等著：《論清末民初中國社會》（上海：復旦大學出版社，一九八三年），頁三一八。

❽Cohen, *Discovering History in China*, pp. 125－141.

❾柯文：〈美國研究清末民初中國歷史的新動向〉，見蔡尚思等著，《論清末民初中國社會》，頁三一八；又見Cohen, *Discovering in China*. pp. 152－153。

❿Cohen, *Discovering History in China*, pp. 150－153.

⓫梁元生：〈美國的中國近代史研究──柯保安的整理和創新〉，《讀者良友》（香港：三聯書店，一九八六年五月），頁五～一一。

⓬費爾愷（Albert Feuerwerker）評柯保安*Discovering History in China*一書的書評，見*Journal of Asian Studies V. 44, No. 3*（May, 1985）。

⓭柯保安對於「沿海文化」（Littoral）及「內陸文化」（Hinterland）的討論，見氏著*Between Tradition and Modernity*一書最後附錄的一章。

⓮史堅雅（或譯作施堅雅，原名是G. William Skinner），其對泰國華人及爪哇華人之比較，見氏著"Change and Persistence in Traditional Chinese Societies", *in Journal of the South Seas Society, V. 16*（*1960*），pp. 86－100。

⓯史堅雅的經濟區域之劃分及其理論之介紹，可參王旭等譯：《中國封建社會

晚期城市研究》（長春：吉林教育出版社，一九九一年）內中收錄和翻譯了史氏兩篇最具代表性的文章，即"Regional Urbanization in Nineteenth-Century China" in G. William Skinner（ed.）, *The City in Late Imperial China*（Stanford: Stanford University Press, 1977）, pp. 211－249，又"Cities and Hierarchy of Local System" *op. cit.*, pp. 275－351.

⑯最近有關史堅雅理論，在美國展開了一場爭辯，可參附錄書目第一部份中William Lavely, Daniel Little, and Joseph Esherick, Barbara Sands and Ramon Myers諸人的文章。

⑰Mary Rankin 的上海研究，集中於辛亥革命時期及上海之革命黨人，其書由哈佛大學出版；Susan Mann 研究上海的寧波幫，Mark Elvin 研究早期上海自治，論文均收入Mark Elvin and G. William Skinner（eds）. *The Chinese City Between two Worlds*（Stanford: Stanford University Press, 1974）。

⑱Frederic Wakeman, Jr., "Policing Modern Shanghai," *China Quarterly*, V. 11'5（Sept, 1988）, 408－440; 氏與葉文心（Wen－hsin Yeh）合編 *Shanghai Sojourners*（Berkeley: Institute of East Asian Studies and Center for Chinese Studies, University of California Press, 1992）.

⑲Emily Honig, *Sisters and Strangers: Women in the Shanghai Cotton Mills, 1919－1949*（Stanford: Stanford University Press, 1986）.

⑳Gail Hershatter, Parks Coble, Joseph Fewsmith及Marie-Claire Bergere 諸書，均見附錄書目之第一部份。

㉑同上。

㉒同上。

㉓Maurice Freedman 爲英國人類學家，對中國華南社會素有研究，影響現代史家甚深；其代表作有*Chinese Lineage and Society: Fukien and Kwangtung*（London, 1966）及 *Family and Kinship in Chinese Society*（London, 1970）；蕭公權對地方史的影響，則以*Rural China: Imperial Control in the Nineteenth Century*（Seattle, 1957）爲代表作。

㉔William Rowe 的漢口研究，見附錄書目；Joseph P. McDermott 研究太湖地區的傭工，見 "Bondservants in the Tái－ hu Basin During the Late Ch'ing," *Journal of Asian Studies*, V－ 40, No, 4（1981）。另 David Schak, *A Chinese Beggars Den: Poverty and Mobility in an Underclass Community*.（Pittsburgh: University of Pittsburgh Press, 1988）。

㉕何炳棣和張仲禮的士紳研究，分別是：Ping-ti Ho, *The Ladder of Success in Imperial China*（New York, 1962），及 Chung-li Chang, *The Chinese Gentry: Studies on Their Role in Nineteenth-Century Chinese Society*（Seattle, 1955）。

㉖Philip Huang, *The Peasant Family and Rural Development in the Ya-ngtze Delta, 1350－1988*（Stanford, 1990），及 *The Peasant Economy and Social Change in North China*（Stanford, 1985）；Stephen Thomas, *Foreign Intervention and China's Industrial Development, 1870－1911*（Boulder: Westview Press, 1984）；Robert Eng, *Foreign Imperialism in China*（Berkeley: Institute of East Asian Studies, University of California Press, 1986）.

㉗Keith Schoppa, *Chinese Elites and Political Change: Zhejiang Province in the Early Twentieth Century*（Cambridge: Harvard University Press, 1982）.

㉘Rankin, Rowe, Strand各書，均見附錄書目之第二部份。

㉙Joseph Fewsmith, *Party, State and Local Elites in Republican China*（Honolulu: University of Hawaii Press, 1985）。

㉚Prasenjit Duara, "A Study of Finance in North China, 1911－1935," in *Comparative Studies in Society and History*, V. 29, No. 1; 此外，還有 Bryna Goodman, "Urban Identity and the Question of a Public Sphere" in Chinese Cities," in Wakeman and Yeh（eds.）, *Shanghai Sojourners*（Berkeley, 1992）.

㉛關於通俗文化的討論，可參David Johnson, Andrew Nathan and Evelyn Rawski（eds.）, *Popular Culture in Late Imperial China*（Berkeley and Los Angeles: The University of California Press, 1985）.

㉜Craig Calhoun, "Civil Society and Public Sphere," 此文發表於一九九三年一月香港中文大學主辦之《文化批評國際學術會議》上，頁二，又頁一一～一二.

㉝Philip Kuhn, "Civil Society and Constitutional Development," 原文在一九九一年American－European Symposium on State and Society in East Asian Traditions（Paris, May 29－31, 1991）會議上宣讀，中譯發表於《近代中國史研究通訊》（臺北: 中央研究院近代史研究所，一九九二年二月），頁七七～八四。

㉞Craig Calhoun, op. cit., pp. 1－2，11－12.

㉟此三篇文章均發表於同一期之*Journal of Asian Studies*, V.ol, No. 1（Feb, 1987）之"Women in Qing China Symposium."

㊱Dorothy Ko, "Education and Woman's Culture" 及 "Woman's Culture in the Private and Public Spheres in 17th and 18th-Century China" 兩篇文章均發表於*Late Imperial China*一九九二年六月及十二月號。

㊲Susan Mann有關章學誠《婦學》的文章先在*Late Imperial China*（June, 1992）發表，又刊於臺灣中央研究院近代史研究所出版之《近世家族與政治

比較歷史論集》（臺北，1992）上冊，頁三七七～四一二。

㊳Elvin, Carlitz, Waltner, Zurndorfer之書籍及論文，均見附錄書目之第三部份。

㊴ 例如Keith McMahon, "Eroticism in Late Ming, Early Qing Fiction," *Toung Pao*, V. 73（1987），pp. 221－264; Bret Hinsch, *Passion of the Cut Sleeve: The Male Homosexual Tradition in China*（Berkeley and Los Angeles: The University of California Press, 1990）; Wu Yenna, "The Inversion of Marital Hierarchy: Shrewish Wives and Henpecked Husbands in 17th－Century Chinese Literature," *Harvard Journal of Asiatic Studies V. 48*（1988），pp. 363－382.

㊵June Sochen, *Herstory: A Woman's View of American History*（New York: Alfred Publishing Co., 1974）.

㊶這方面的著作例如Mark Elvin, "Tales of Shen and Xin: Body-Person and Heart-Mind in china During the Last 150 Years," in Michael Feher（ed.）, *Zone－Fragments for the History of the Human Body*（New York: Urzone, 1989）V. 2. pp. 266－349."

㊷John W. Garver, *Chinese Soviet Relations, 1937z45: The Diplomacy of Chinese Nationalism*(New York: Oxford University Press, 1988); William Kirby, *Germany and Republican China*（Stanford: Stanford University Press, 1984); Michael Schaller, *The U. S. Crusade in China*（New York: Oxford University Press, 1979）及 *The United States and China in the Twentieth Century*（New York: Oxford University Press, 1982, 1990）.

㊸Frederic Wakeman, Jr. "Policing Modern Shanghai," *China Quarterly*, V. 115（1988），pp. 408－440.

㊹Martin Wilbur, *The Nationalist Revolution in China, 1923－1928*（Cambridge and New York: Cambridge University Press, 1984); Lloyd Eastman, *Seeds of Destruction, Nationalist China in War and Revolution, 1937－1949*（New York, 1987）.

㊺Robert Bedeski, *State Building in Modern China*（Berkeley: Center for Chinese Studies, University of California Press, 1981）; Wen-hsin Yeh, *The Alienated Academy: Culture and Politics in Republican China, 1919－1937*（Cambridge, Mass.: Harvard University Press, 1990）; Parks Coble, *The Shanghai Capitalists and the Nationalist Government*（Cambridge, Mass: Harvard University Press, 1980）.

㊻Arif Dirlik, *The Origins of Chinese Communism*（New York: Oxford University Press, 1989）; Shum Kui－Kwong, *The Chinese Communist*

Road to Power, 1935-1945（New York: Oxford University Press, 1988）.
㊼Stephen MacKinnon and Janice MacKinnon, *Agnes 'Smedley*（Berkeley: University of California Press, 1986）, Robert Newman, *Owen Lattimore and the 'Loss' of China*（Berkeley: University of California Press, 1992）.

參考書目

I . Regional or Local Studies (區域研究)

Coble, Parks. *The Shanghai Capitalists and the Nationalist Government, 1927－1937.* Cambridge, MA: Harvard U. Press, 1980.

Cole, James. *Shao-hsing: Competition and Cooperation in Nineteenth-Century China.* Tucson: U. of Arizona Press, 1980.

Fewsmith, Joseph. *Party, State and Local Elites in Republican China: Merchant Organizations and Politics in Shanghai, 1890－1930.* Honolulu: U. of Hawaii Press, 1985.

Forbes, Andrew. *Warlords and Muslims in Chinese Central Asia: A Political History of Republican Sinkiang, 1911－1949.* New York: Cambridge U. Press, 1986.

Hershatter, Gail. *The Workers of Tianjiin, 1900－1949.* Stanford: Stanford U. Press, 1986.

Honig, Emily. *Sisters and Strangers: Women in the Shanghai Cotton Mills, 1919－1949.* Stanford: Stanford U. Press, 1986.

Lavely, William. "The Spatial Approach to Chinese History," *JAS* 48. 1 (Feb, 1989) 100－113.

Leung, Yuen-sang. *The Shanghai Taotai: Linkage Man in a Changing Society, 1843－1890.* Honolulu: U. of Hawaii Press, 1990.

Little, Daniel and Joseph Esherick. "Testing the Testers," *JAS* 48. 1 (Feb, 1989) 90−99.

Marks, Robert. *Rural Revolution in South China: Peasants and the Making of History in Haifeng County, 1570−1930*. Madison: U. of Wisconsin Press, 1984.

Miners, Norman. *Hong Kong Under Imperial Rule, 1912−1941*. New York: Oxford U. Press, 1987.

Rankin, Mary B. *Elite Activism and Political Transformation in China: Zhejiang Province, 1865−1911*. Stanford: Stanford U. Press, 1986.

Rowe, William T. *Hankow: Commerce and Society in a Chinese City, 1796−1889*. Stanford: Stanford U. Press, 1984.

──────*Hankow: Conflict and Community in a Chinese City, 1796−1895*. Stanford: Stanford U. Press, 1989.

Perdue, Peter. *Exhausting the Earth: State and Peasant in Hunan, 1500−1850*. Cambridge, MA: Harvard U. Press, 1987.

Perry, Elizabeth. *Rebels and Revoultionaries in North China, 1845−1945*. Stanford: Stanford University Press, 1980.

Sands, Barbara and Ramon Myers. "The Spatial Approach to Chinese History: A Test," *JAS* 45. 4 (Aug, 1986) 721−743.

Schoppa, Keith. *Chinese Elites and Political Change: Zhejiang Province in the Early Twentieth Century*. Cambridge: Harvard U. Press, 1982.

Skinner, G. William. "Marketing and Social Structure in Rural China," *JAS* 4. 1 (Nov, 1964) 363−399.

──────"The Structure of Chinese History," *JAS* 44. 2 (Feb, 1985) 271−292.

Strand, David. *Rickshaw Beijing: City People and Politics in the 1920s.* Bereley: U. C. Press, 1989.

Stockard, Janice E. *Daughters o the Canton Delta: Marriage Patterns and Economic Strategies in South China, 1860−1930.* Stanford: Stanford U. Press, 1989.

Vermeer, Edward B. *Economic Development in Provincial China: The Central Shaanxi Since 1930.* New York: Cambridge U. Press, 1988.

Watson, Rubie S. *Inequality Among Brothers: Class and Kinship in South China.* New York: Cambridge U. Press, 1985.

Woon, Yuen Fong. *Social Organization in South China, 1911−1949: The Case of the Kuan Lineage in K'ai-ping County.* Ann Arbor: Center for Chinese Studies, U. of Michigan, 1984.

II. Public Sphere and Civil Society
(公衆空間與公民社會)

Calhoun, Craig. *Habermas and the Public Sphere.* Cambridge: MIT Press, 1992.

──────"Civil Society and Public Sphere," paper presented at the International Conference on Cultural Criticism, CUHK, Dec 22, 1992−Jan 10, 1993.

Cohen, Jean and Andrew Arato. *The Political Theory of Civil*

Society. Cambridge: MIT Press, 1992.

Ebrey, Patricia and James Watson (eds.). *Kinship Organiza-tion in Late Imperial China*. Berkeley: U. C. Press, 1986.

Habermas, Jurgen. *The Structural Transformation of the Public Sphere*. Cambridge: MIT Press, 1989.

Johnson, David, Andrew Nathan and Evelyun Rawski (eds.). *Popular Culture in Late Imperial China*. Berkeley: U. C. Press, 1985.

Kuhn, Philip. "Civil Society and Constitutional Development," (Chinese translation) in *The Newsletter of the Institute of Modern History*, Vol. 13 (1992) 77−84.

Mann, Susan. *Local Merchants and the Chinese Bureaucracy, 1750−1950*. Stanford: Stanford U. Press, 1987.

Rankin, Mary B. "The Origns of a Chinese Public Sphere," *Etudes Chinoises* IX. 2 (Antomne, 1990) 1−60.

───────*Elite Activism and Polit cal Transformation in China*. Stanford: Stanford U. Press, 1986.

Rowe, William T. "The Public Sphere in Modern China," *Modern China* 16. 3 (July, 1990) 309−329.

───────*Hankow: Commerce and Society in a Chinese City*. Stanford: Stanford U. Press, 1984.

───────*Hankow: Conflict and Community in a Chinese City*. Stanford: Stanford U. Press, 1989.

Schoppa, Keith. *Chinese Elites and Political Change*. Cambridge: Harvard U. Press, 1982.

Strand, David. "Protest in Beijing: Civil Society and Public Sphere in China," *Problems of Communism* 29. 3 (May－June,1990) 1－19.

──────*Rickshaw Beijing: City People and Politics in the 1920s*. Berkeley: U. C. Press, 1989.

Watson, Rubie S. *Inequality Among Brothers: Class and Kinship in South China*. New York: Cambridge U. Press, 1985.

Ⅲ. Women and Gender Studies (婦女史學)

Carlitz, Katherine. "The Social Uses of Faminine Virtue in Late Ming Editions of Lienu Zhuan," *Late Imperial China* 12. 2 (Dec, 1991) 117－145.

Chow, Rey. *Woman and Chinese Modernity*. Minneapolis: U. of Minnisota Press, 1991.

Elvin, Mark. "Female Virtue and the State in China," *Past and Present* 104 (1984) 114－152.

Honig, Emily. *Sisters and Strangers: Women in the Shanghai Cotton Mills, 1919－1949*. Stanford: Stanford U. Press, 1986.

Ebrey, Patricia. "Women, Marriage and the Family in Chinese History," in Paul Ropp, ed., *Heritage of China*. Berkeley: U. C. Press, 1990, pp. 197－223.

──────"Conceptions of the Family in the Song Dynasty," *JAS* 43. 2 (Feb, 1984)

Furth, Charlotte. "Concepts of Pregnancy, Childbirth, and Infancy in Ch'ing Dynasty China," *JAS* 46. 1 (Feb, 1987) 7－

32.

—————"Blood, Body and Gender: Medical Images of the Female Condition in China, 1600−1850," *Chinese Science* 7 (1986) 43−66.

—————"Androgenous Males and Deficit Females: Biology and Gender Boundaries in 16th and 17th Century China," *Late Imperial China* 9. 2 (Dec, 1988).

Gates, Hill. "The Commoditization of Chinese Women," *SIGNS: Journal of Women in Culture and Society*, 14. 4 (Summer, 1989) 799−832.

Hinsch, Bret. *Passions of the Cut Sleeve: The Male Homosexual Tradition in China.* Berkeley: U. C. Press, 1990.

Holmgren, Jennifer. "The Economic Foundations of Virtue: Widow-Remarriage in Early and Modern China," *The Australian Journal of Chinese Affairs*, 13 (Jan, 1985) 1−27.

—————"Myth, Fantasy, or Scholarship: Images of the Status of Women in Traditional China," *The Australian Journal of Chinese Affairs* 6 (1981) 148−170.

Huang, Chieh-shan and Arthur Wolf. *Marriage and Adoption in China, 1845−1945.* Stanford: Stanford U. Press, 1980.

Ko, Dorothy Y. Y. "Education and Woman's Culture in 17th and 18th Century China," *Late Imperial China* 13. 1 (June, 1992)

—————"Woman's Culture in the Private and Public Spheres in 17th and 18th Century China," *Late Imperial China.*

Louie, Kan. "The Macho Eunuch: The Politics of Masculinity in Jin Pingwa's Human Extremities," *Modern China* 17. 2 (1991) 163－187.

Mann, Susan. "Fuxue (Women's Learning) by Chang Xuecheng (1738－1801): China's First History of Woman's Culture," *Late Imperial China* 13. 1 (June, 1992)

————————"Widows in the Kinship, Class, and Community Structures of Qing Dynasty China," *JAS* 46. 1 (Feb.1987) 37－56.

McMahon, Keith R. "A Case for Confucian Sexuality: The 18th -Century Novel Yesou Puyan," *Late Imperial China* 9. 2 (Dec, 1988) 32－55.

————————"Eroticism in Late Ming, Early Qing Fiction," *Toung Pao* 73 (1987) 217－264.

Ng, Vivian W. "Ideology and Sexuality: Rape Laws in Qing China," *JAS* 46. 1 (Feb, 1987) 57－70.

————————*Madness in Late Imperial China: From Illness to Deviance.* Norman, LA: U. of Oklahoma Press, 1990.

Ropp, Paul S. "The Seeds of Change: Reflections on the Condition of Women in the Early and Mid－Ch'ing," *SIGNS* 2. 1 (1976) 8－9.

Stockard, Janice E. *Daughters of the Canton Delta: Marriage Patterns and Economic Strategies in South China, 1860－1930.* Stanford: Stanford U. Press, 1989.

Sung, Maria H. "The Chinese Lieh-nu Tradition," in Richard

Guisso and Stanley Johannesen (eds.) *Women in China.* Youngstown, NY: Philo Press, 1981, 63−74.

Waltner, Ann. *Getting an Heir: Adoption and the Construction of Kinship in Late Imperial China.* Honolulu: U. of Hawaii Press, 1990.

――――――"Widows and Remarriages in Ming and Early Qing China," in Richard Guisso and Stanley Johannesen (eds.), *Women in China.* Youngstown, NY: Philo Press, 1981, 136−150.

――――――"Learning from a Woman: Ming Literati Responses to Tanuangzi," *International Journal of Social Education* 6. 1 (1991) 42−59.

Watson, Rubie S. "The Named and the Nameless: Gender and Person in Chinese Society," *American Ethnologist* 13. 4 (Nov, 1986) 619−631.

――――――and Patricia Ebrey (eds.) *Marriage and Inequality in Chinese Society*, Berkeley: U. C. Press, 1991.

Widmer, Ellen. "The Epistolary World of Female Talent in 17th Century China," *Late Imperial China* 10. 2 (Dec.1989) 1−43.

Ⅱ. 文學

二十世紀中國文學的「現代性」問題
——及其與中國「現代化」進程的關係

黃繼持

上篇

○

「現代」Modern❶作為特定的歷史階段與社會文化型態的標誌，當然始自歐洲。十四世紀中葉，「文藝復興」從意大利開始。到十六世紀，歐洲「走出中世紀」，進入後來史家名為「現代化」modernization的一系列的從思想觀念到經濟政治與社會結構的變革。思想觀念方面，人道主義、理性主義、啓蒙精神，把「人」作為理性的主體，提升到宇宙中心。至於經濟方面的資本主義，政治方面的自由民主，都無此相聯繫。十八、九世紀之交的法國大革命與工業大革命，更是劃時代的大事，從此歐洲的「現代化」進入「盛世」。因此有些史學家把此前的三四百年算作「現代早期」early-modern，此後方是「現代」本身。「現代本身」年代，也就是布爾喬維亞進一步鞏固自己作為「統治階級」的時期；卻也在這年代中，產生對「現代」的庸俗風習(philistinism)乃至現代觀念的反逆。文藝人士作先鋒avant-garde提出跟「現代化」相對抗的藝術取向。據

考,modernite（現代性）一詞用於評文說藝，以波特萊爾Baudelaire為嚆矢。因此，「文藝的現代」(aesthetic modernity)，按其原義，只應出現於「現代化」成熟的社會中，是對「現代化」的批判與超越❷。若把modernity一詞衍申，在文藝領域特定的意義之外，擴而用於對「現代化」的性質或因素，作肯定或中立的描述，那就可以說有兩種「現代性」，分立而對峙了❸。

二十世紀中國文學❹，如果稱作「現代文學」，這裏的「現代」可作怎樣的解釋？能否用「現代性」與「現代化」這類概念為參照，予以探討？這就是本文嘗試去做的工作。

一

如果說，近百多年中國歷史的行程，包含了中國「現代化」道路的探索；那麼，這個「現代化」的進程，有其本身的特色，不僅是西方近數百年「現代化」的摹本❺。當然，它以西方「現代化」為基本參照，但它是在西方強勢的進侵下，被迫起而追趕效法的。於是構成了中國人對西方既欽仰又憎恨的情意糾結，「別求新聲於異邦」與「振大漢之天聲」❻兩種心態往往並存。中學與西學、舊學與新學的對峙，到二三十年代稍見緩解於「世界化」、「現代化」的觀念中❼，但仍有「民族本位」、「民族道路」之類的意識在抗衡。而且即使效法西方的現代化，三十年代「現代化」論爭的焦點，在走資本主義道路還是社會主義道路❽。當時俄蘇看似提供一條最新的「現代化」之路，是對西歐的現代化的吸收、超越與揚棄(Aufhabung)。這一條路，除了所帶的理想性與道義感、更適合中國書生文士的心態，還加上相比於西歐，中俄同是現代化的後進國。即使談文學，俄

國於西歐文學爲後進，卻成績超越，也增加了中國文人對俄蘇式革命的企盼。中國的現代化，在英法美、德意日、俄蘇的先例中選擇、翻騰；中國的文學，也因之而翻騰不定。

二

　　文學的發展跟現代化的進程，有沒有對應的關係？一時難以說得分明。不過近百年來，不少中國文人，總以爲文學可以促進現代化。從晚清提倡新小說來「新民」、以文學救國；到五四前後以文學「啓蒙」，以「問題小說」推進社會改革；再到三十年代以來左翼人士把文學用作政治鬥爭的武器、發動群衆的工具、革命建設的號令。這都是認爲文學對現代化有「用」，可以跟「現代化」配合，甚至認爲對現代化有「主導」的作用。即使左翼人士，相信「存在決定意識」，文學正是意識型態，但他們卻更重視文學對「存在」的「反作用」，利用文學作宣傳。以文學領導文化，以文化統攝社會，中國文人這種心態，是否跟中國傳統、尤其儒家思想相關，不無可疑。至少近百年來中國人多認爲文學「應」與現代化（包括救國、自強、革命、建設）相關；而評估作品價值高下，往往與此連繫。按西方現代文學理論，中國這樣的文學觀點是否算得上「現代」，大可爭議。若問近數百年西方文學的發展，是否有意跟「現代化」「配合」，這大抵是個相當「天眞」的問題。

三

　　新文學運動之初，甚至其後相當長的一段時期，中國好些文人確

有這類「天眞」的想法。他們熱心介紹西方「現代化」以來的文藝思潮。追源溯始，對Renaissance嚮往不已，把這個字面可釋爲「再生」的詞語轉譯爲「文藝復興」，特別點出「文藝」；順此而下，數百年文學各種「主義」之遞嬗，被視爲「進化」的行程，而探討從哪個「主義」學起──浪漫主義？ 寫實／自然主義？ 表象（象徵）主義──最能配合中國的需要❾。這固然也關涉各別論者對中國「文壇」現狀的判斷，但同時也考慮文學本身以外或「以上」的因素。於是外國文學作品往往成爲國人從西方取來的「經」，備受「仰視」，有時跟作品內含的價值未必相稱，卻在中國產生特殊的社會效應。類似的情況，盛於一二十年代，但直到六十年代臺灣、八十年代大陸，熱心推介「現代主義」的時候，仍然出現。雖則此時文人所強調的，「藝術」多於「社會」，但「現代主義」一詞引起「現代化」以及「哪一種現代化」的聯想，或褒或貶，激發的便遠不止是文藝本身的爭議。

四

外國文學及「主義」思潮之輸入，很多時以「密集」的方式，不一定按照原來產生的次第，每是間歇地匆促地把歷時的東西，囫圇吞下，歷時變成共時。在「五四」前後三五年間，西方十八九世紀以來的文學潮流，草草演述一遍；八十年代大陸，又把世紀初以來西方「現代派」❿五花八門的姿采，迅速瀏覽一番。至於西方現代文學理論與術語行話，本來各有畛域的，入華變成大雜膾。所以西方近二百餘年來出現的「浪漫主義」、「寫實主義」⓫、「象徵主義」，本世紀初以來陸續出現、後來併歸爲「現代主義」⓬的歐美文學新潮，本

世紀的革命文學、曾經一度被統合為「社會主義現實主義」❸的蘇聯新興文學：這些都在二十世紀中，或同時或交錯出現在中國文壇。而且由於中國文壇論爭迭起，哪一派最具有「時代性」或「現代性」，哪一派「過時」，哪一派「反動」，似乎並不只歸文壇論定，因此隨著歷史的迂迴詭譎，是非褒貶也幾番迴旋。源自外國這一些主義思潮，入華之後又經幾度翻騰，於是在中國「現代化」的進程中，有其與原產地不同的命運和意義。因此不單「象徵主義」、「現代主義」固應有「現代性」的價值，「浪漫主義」、「寫實主義」這些在歐美文藝的「現代性」論述中被拒斥的東西，是否在中國文學現代性這個總題目中也應予以考慮？否則如果按照嚴格的西方文藝現代性的觀念，中國文學現代性幾乎無從說起，就連「現代主義」入華也變成「偽現代主義」❹。

五

正因為西方文學現代性的觀念，按照原來這個詞提出時的脈絡，無論按波特萊爾或按尼采的意思，都不是跟「現代化」的配合，更不是對「現代化」的促進，無寧是對「現代化」的反撥或矯枉❺。所要「反」或「矯」的「現代化」，是現代工業文明發展、導致社會結構與世界觀的改變、帶來人的「異化」危機；點出這個危機，之後逃避也好，頹廢也好，焦慮也好，超越也好，方可論文學的「現代性」。但二十世紀的中國，除了個別時空的部份生活（如二三十年代的上海租界，七八十年代的臺北香港）外，客觀情況距離上個世紀中葉以來西方發展出來的都市生活形態尚遠，於是西方這種文學現代性，即使有所引進，也多只成為文人「主觀」的意想。不過也正因西方文學這

種現代性，強調的正是「主觀」的一面，並與新興的心理學派別與藝術形式實驗匯合，因此仿效起來，也可以不大受制於客觀生活環境因素。但這樣寫出的，往往只是摹本，沒有自己的生命，除非結合自己的處境與生命情態而有所改造；但這樣一來，又可能失落了原來西方文藝現代性最基本的東西──即對「現代化」的反撥，在「現代化」有所成之後對「現代化」的逆反。這樣中國便無異於在「現代化」之前或之初，提前對「現代化」作出反撥。縱使表面形態或有近似，卻不能掩其本質之「僞」。不過比於西方而「僞」，未必不扣於中國而「眞」。於是可否在西方原義的「現代性」之外，另立中國文學現代性之義，同時把西方自現代化初始以來直到「後現代」來臨的種種文藝形態之爲中國所挪用（Appropriated）者，都作爲中國文藝現代性資源的一部分，再來探究中國文學現代性的概念有何意義。

六

　　暫不論文學與「現代化」具體關係如何，某個時期的文學，它的發展大抵受幾項因素制約。一是當時的現實生活與人生處境，通過作家觀察體驗形成的感受與景象。一是本時期之前的文學傳統，不論作爲負面或正面價值，都或有形或無形，發揮一定乃至深層的影響。一是外來文學的衝擊，對之或迎或拒，或效響或轉化，文學的發展受其牽引。此外當然還有其他意識型態（包括政治思想）的因素。二十世紀中國文學受到文學以外因素左右，顯而易見。這裏只就文學因素而論。外來文學影響並非任何時期都會出現。中國文學史上有過佛教文學的影響，但像二十世紀全面受外來文學衝擊，是前所未有的。因此人們容易忽視文學傳統仍有潛在力量，借文人的意識與潛意識發揮作

用。所謂「斷裂」或「超越」，其實往往不過臆想。但也正是由於這種臆想，因此對於外來影響的接收，多缺乏就文學本體作自主的判斷，或隨著外來的風向走，或依傍文學以外的力量。也正由於二十世紀中國文壇，時而強烈受外國潮流衝擊，時而強烈受政治控馭，於是作家直面生活，從現實處境與生命實情汲取自身力量者，便顯得有所不夠，作品「底氣」不足，「現代」也成虛托。二十世紀中國文學史上，曾有幾番對「現代派」的討伐。當然有些緣於文學的保守或政治的封閉，但也有針對無真我的效顰，無生活的摹畫，不管是否「偽現代」，多迹近於「偽文學」❻。即使認為文學之所以真而非偽，不獨基於生活，更由基於想像；但無論如何，文學貴乎獨創。即使以「現代性」的名號去摹仿，也不過摹仿而已，現代性是無從附驥的。

七

因此，談文學的現代性，便不只是西方現代文學引進的問題，而主要是創作實績評價的問題。評價的準則不能獨斷，須得參照於西方現代文學，及對比於中國古代文學。對比於傳統文學，文言白話之分尚屬表層；更重要的，從「文」「文章」到「文學」觀念之移易❼，文類的劃分與秩序的調整❽、思維方式與藝術手段的變化，才構成中國文學史上劃時期的因素。由於這是受到西方文學（還有西化的日本文學）的強烈影響下形成，所以未嘗不可以籠統地名之曰現代文學，但這僅是「現代性」的發端。還應注意在中國「現代化」進程中，國人生活與文人感興的內容。近百年間，一方面，確有不少文人想為促進「現代化」而寫作，在實際的「現代化」之前或之初，盡其志士仁人導乎先路的言責；另一方面，也由於中國社會某方面現代化的成果

（如都市生活與工商業的開展，現代出版事業的形成與讀者群的變動 ❶），對文學的轉型有所幫助；於是文學與「現代化」互為主客，文學的發展也是「現代化」的一部份。如果我們還相信西方「現代化」之初的觀念──歷史是向「前」推進的話，隨著中國「現代化」的行程，文學雖然不必盡與經濟政治社會的進退同步，但互相激盪，文學新的素質乃從中生起；這新的素質可否姑且稱為中國文學的現代性？而在中國的環境內，這種「現代性」之於「現代化」，作用既有鼓吹、先導，復有配合、反映，也未嘗不可帶有批判、反撥，種種情形；但須落實在本國歷史上，而不只是玩弄「西來」的光景。

八

二十世紀中國文學已寫入文學史。而文學史往往隔一段時期便要「重寫」❷。在「寫出」的文學史書中，作品不只是編年的序列，而且是評價的序列。後起的文學事象，可能導致原先隱微的端緒得到彰顯，原先的價值序列重新排比，中國二十世紀的文學可能只是文學史中一個「階段」的開篇，正如本世紀中國現代化行程也不過是「走向世界」的初階，「開初」的意義還要靠往後的「發展」來照明。不過我們這個「開篇」卻跟人家的「正篇」（甚或「終篇」）並世，我們的「初階」跟人家的「高級階段」（或熟爛Decadent階段）同時，於是我們的便不可能是「純粹」的「開初」的形態，我們的「現代性」也就糅雜了別人歷時的性質與自己宿世的因緣了。不過無論如何，「現代性」大可改造成為開放的觀念，甚至包容互相對立的觀點。當然這也是評述文學多種視角之一種，不能以此窮盡二十世紀文學的全貌。

九

　　下文就二十世紀中國歷史的幾段行程，以「現代化」的要求或概況爲引子，舉出一些文學現象，稍加評點。篇幅所限，以西方具「現代性」的文學思想之引進爲主，在國人的回應中試論中國文學現代性的端緒。

下篇

一

　　論者謂五四時期，中國文學「無可阻擋地匯入世界文學的現代潮流」，是「二十世紀中國文學的第一個輝煌的高潮」[21]。但高潮的前奏，至少可以迴溯到一八九八年的維新；高潮的後續，可以延伸到一九二七年的北伐。以政治事件作爲文學階段的上下限，既可見出文學受政治的制約，也可見出文學對現實之「投入」（engagée）；在當日文人心中，這投入包括政治但又不只是政治。正是因爲維新失敗，辛亥革命帶來更混亂的局面，中國須在政治以外另尋出路，文學看來是個突破口。五四前後文運高張，但到北伐前夕，文學又納入政治革命的軌道。當時中國文壇，於「世界文學的現代潮流」若即若離。二十世紀頭二三十年，西方文學正朝向「現代主義」作巨大轉化，波特萊爾到尼采所提挈的「現代性」得以大幅開展。中國文學並沒有即時「匯入」這潮流中，而基本是西方十八九世紀文學模式的後繼者。它

跟政治的或分或合，則受中國「現代化」的曲折道路所牽引。

晚清時稍能契接西方文學「現代性」問題的，不是聲名顯赫的梁啓超和林琴南，而是尚少人知的王國維與周樹人。

梁啓超提出「小說界革命」，但他的眼光不過落在「政治小說」上，雖援歐美日本爲例，但不出儒者敎化之論。他其實對日本文學新潮流的認識，也相當落後❷。至於林琴南，雖則「可憐一卷茶花女，斷盡支那蕩子腸」（嚴復語），頗具藝術的意興，但此書原非西方一流作品，譯出亦屬偶然。其他大量譯品，原作價值參差；譯者所志，仍在「虞初救世」（康有爲語）❸。梁林等人，的確打開了國人的文學視野，並把小說的品位提升，但他們對西方文學了解不深。梁林嚴康等人，基本是以「志士」「學人」的心態來看待文學藝術的。

王國維的突破，首在以康德以來的「美學」觀點論文學，遂引入西方近世文藝本體之論、自律還是他律、利害關係有無，這些問題正是西方文學現代性的引端。次則深契叔本華「人間之苦」、「生活之欲」之說，作人間詞，評《紅樓夢》，其生命悲感之濃而帶形上意識者，每與西方文學現代性同調❹。

青年魯迅留日七八年間，從西方文化汲取的，既有啓蒙時期以來的理性主義與科學精神，又有浪漫主義以來直到十九二十世紀之交、對理性反思、對傳統價值重估的最新思潮。科學理性，與生命哲學對科學理性之反撥，兩者同時雜陳；前者跟中國的「現代化」配合，後者跟西方的「現代性」同調。《文化偏至論》談十九世紀末西方思想之丕變，稱揚尼采，力主「自覺」與「主觀」之生活，非物質，反庸衆，尊個性，張精神。《摩羅詩力說》稱文學能言科學所不能言，能「啓人生之閟機」；呼喚新聲起於中國，剛健不撓，抱誠守眞、以起國人之新生❺。青年魯迅愛讀的外國作家，則既有爭天拒俗，立意反

抗的「摩羅詩人」，復有憂憤狂怪，靈魂苦痛的俄國東歐作者；多是
主觀性強，卻又關切人間國族的有志之士㉖。在青年魯迅複雜的思想
中，已包孕了五四前後「新文化運動」所帶出的「現代化」要求及其
內部矛盾。「新文學運動」的發端，就文學思想而論，卻不是承接青
年魯迅所已達到的「十九世紀末」的認識，而或返溯一兩世紀；或者
就算談「十九世紀末」，也側重科學理性的一面。此於西方文學「現
代性」是後退了，但這一步後退卻是爲中國現代化補課。因此「吶喊
時期」的魯迅，也願意聽從「將令」㉗；到了「野草時期」，才比較
充份展現他的現代生命情調。

　　新文化運動的大旗是德先生和賽先生，但更爲基本的，乃「人的
自覺」。這是西方文藝復興以來最重要的理念。這裏的「人」以「個
體的人」爲本。「現代化」始於「人的發現」，進而充份發揮人的力
量向外擴展。從人的發現到「人的分裂」，則是西方文學現代性所要
面對的困惑。五四時期則是個樂觀的時期。悲觀的魯迅，這時所苦的
主要在人的「隔膜」，是「前現代」的「人未覺醒」之「未知其苦」
之苦。周作人便直接以積極的語調爲「個體」的價值高唱頌歌了。這
是十八世紀啓蒙主義的精神。他第一本散文集《自己的園地》，命名
出典便來自伏爾泰的小說。他主張文學以「個人自己爲本位」，宣稱
「文學是人生的，不是爲人生的；是個人的，因此也即是人類的；文
藝的生命是自由而非平等，是分離而非合併。」㉘他另有〈人的文
學〉一文，提倡人道主義㉙。個體意識與人道主義，正是西方「現代
化」的源頭，五四從頭學起。與此相關的還有「文學的自覺」。

　　所謂「文學的自覺」，上述周作人的話已有揭示，五四時期，這
個命題包含兩方面內容。一以文學表現作者的「自我」，這「自我」
是情意的自我而不是功利的自我，是生命的「眞我」，而不是世俗網

絡中的假我。一爲尊重文學的「本體」，不把文學屈從於藝術以外的目的，文學有自己本身的規律。這兩方面的內容，前者多以「浪漫主義」出現，後者則可導致「唯美主義」，當然兩方面也常常結合。在西方，「浪漫主義」既是文學「現代性」的先導，又是「現代性」開展中所要揚棄的。在中國，創造社諸人的浪漫主義既有來自德意志的狂飆突進，也有來自十九世紀後期的頹廢情調，因此他們既可以吸納「唯美主義」的成份，還可以借用「象徵主義」以至「表現主義」的手法點染他們的篇章❸。單就此看，五四時期，創造社是最富於「現代精神」的文藝社團；但後來的轉向，又以它爲最激烈。

寫實主義與自然主義，在五四時期，國人每混爲一談，著重以求「眞」的態度，從事「客觀描寫與實地觀察」，並與「爲人生而文學」的宗旨相提並論，宣揚文學的社會性❸。於是「現代化」要旨中的人道主義與科學精神，便可在文學體現；同時亦以切實的眼光，審視自我與世界。但流弊即在輕易把文學推向理性主義與工具主義，忽視生命主體與藝術意蘊。國人當時不大淸楚寫實主義的來龍去脈、未必知道所謂寫實主義宗師福樓拜，其實一心於技法創新而討厭「寫實主義」這名號。寫實主義在中國用作推進現代化的手段，到了三十年代又跟蘇聯的文藝理論結合，改譯爲「現實主義」❸，成爲二十世紀中國文學的主流。中國「現代派文學」與之對抗，比起歐美「現代主義」反叛寫實主義，吃力得多。

二

二三十年代世界範圍的重要文學現象有二，一是左翼文學之崛興，一是現代主義之形成。前者圖以文學指涉「現實」改變世界；後

者突破簡單的「指涉」而著意營造藝術世界，深入生命底蘊並揭示現代人的生存處境。在三四十年代的中國，兩者際遇不同，關鍵在於中國現代化行程的特質。

　　一九二七年北伐後的中國，「現代化」其實進展緩慢。南京政府號稱統一全國，但實際控制的只是江浙地區。江浙的一些城市不錯是有現代經濟發展的開端，但因政府軍事活動頻繁，軍費帶給城市沈重的負擔。政府也沒有力量推動農村的變革。這個政府既無力實施現代化，也不能爭取或安撫知識分子；於是知識分子大體激化，比起北洋政府時期面對更為嚴酷的政治壓迫與更為嚴峻的社會現實。比起五四時期，文學確有所進展，但五四那股清新開闊的「啓蒙」精神，卻讓位於或是沈重的社會現實的刻劃與嘲諷，或是喧嚷的政治革命的呼號與憧憬。如果說五四時期在意念上追求現代化的理想，二三十年代則是在歷史的困頓中摸索中國的出路。文學的任務首先在有助於認識現實，於是廣義的寫實主義自然成為主流。說是廣義的，因為一則作者並不一定拘守嚴格的寫實手法，浪漫主義以至表現、象徵的因素常見夾雜；二則作者著意於反映社會多於營造藝術。總體上說，基本還是歐洲十九世紀那些具有社會傾向的文學模式在中國之應用，以適合中國的實情。

　　蘇聯革命與建設的道路，當年可以看成「現代化」之別於西歐的另一種更有吸引力的模式。就文學而論，俄國文學的巨大成就早已為中國文人佩服。但俄蘇文藝在世紀之初一二十年種種「先鋒性」的實驗及其哲學思想的翻瀾，包括形式主義、虛無主義、感官主義、極峰主義（Acmeism）、未來主義等等，這些多少接上西歐的文學現代性，加上俄國人的空想與激情所釀造的文學姿采，中國人所知不多。魯迅對布洛克的評介，是內行人語；但革命步伐匆促，就連魯迅對俄

蘇革命「同路人」作品的譯介，在中國也沒有得到恰當的回應❸。固然中俄國情其實仍有不小的距離，更嚴重的是，中國左翼文藝政策未能與實際寫作配合，因此中國產生的多是蘇聯文學拙劣的摹本。比較好的，如蕭軍的《八月的鄉村》取法於法捷耶夫的《潰滅》而欠缺對人性探索的深度，如田間詩歌效法馬雅可夫斯基的節奏而昧於藝術試驗。到了國難日迫，為了動員群眾，就連這些「知識分子」的藝術形式也要讓位於「民族形式」；抗日戰爭期間，延安地區的「民族形式」，基本是「農民文學形式」。這究竟代表「現代化」的前進抑或「現代化」的後退，當年曾引起爭執，不過用的是另一套哲學語言；爭論異常激烈。胡風的意見被壓下去，中國文學離開西方文學的現代性更加遙遠了❸。

中國三四十年代文學實績，大多還是「革命陣營」以外的作者所創造。沈從文、巴金、老舍、曹禺等人，大都沿著西方十九世紀文學的範式，結合中國的現實，其中或比較著重藝術（如沈從文）、或更加強調生活（如巴金），大體上都可說是「為人生而文學」。藝術手法方面，或汲取浪漫主義的激情（如巴金），或借取英國小說二三百年來的多種模式（如老舍），或從希臘悲劇到表現主義都有借鑑（如曹禺），但都算不上「先鋒派」的實驗。他們在藝術上，也在政治上，走的不是「左」的或「右」的激進道路，大體還是五四時期現代化理念的承續。

若論中國二三十年代文學作品跟西方文學「現代性」關係最密的，自然是詩壇上的「象徵派」和「《現代》派」，與小說的「新感覺派」❸。中國新感覺派小說，大體追隨日本新感覺主義，描繪現代大都市的聲色情慾，並運用心理分析來揭示人物的潛意識和性心理。這一派小說以其主觀世界之強調，接近西方現代小說的作風❸。但移

殖過來，卻與中國現代化階段脫節，只能暫時寄生於上海。至於「象徵派」「《現代》派」詩人，李金髮師法波特萊爾和魏爾侖，戴望舒還加上梵樂希、古爾蒙等，基本是法國象徵主義及其後的統緒，正代表西歐文藝對「現代化」成果反撥而從事現實以外的藝術追求。這派詩歌入華，並不表示中國現代化有成，卻因中國現代化理想之挫折，即所謂「五四退潮」加上革命的喧嚷，部份文學青年產生苦悶感傷頹廢的情緒，遂借西方「世紀末的苦汁」來釀造朦朧的詩篇。青春病態，濁世哀音，用「現代後」的手法來譜寫「現代初」（甚至「現代前」）的悲涼曲子，也彷彿建構成一個跟塵世若即若離的藝術世界❸。而且在藝術探尋中，又彷彿跟中國傳統詩藝與禪道情懷相通，於是例如廢名、林庚的作品，或可視爲具東方色彩的象徵派詩。至於三十年代以來西方一些先鋒派詩人介入社會、傾向革命但仍寫現代風作品的，中國同例不多。艾青喜讀凡爾哈侖❸，但接觸中國現實後所寫的詩，便不能說是現代派。倒是到了四十年代，馮至結合里爾克的詩藝寫成《十四行集》，還有年輕詩人穆旦、鄭敏等接受里爾克、艾略特和奧登的影響而寫成的帶現代風的詩篇，在內心世界與社會現實之間，在形上思考與憂患意識之間，取得一定的張力。還有四十年代後期如杭約赫，受艾略特《荒原》的啓示寫墮落，又以昂揚筆調寫「人」的醒來，似乎旣穿越了「現代主義」回到五四時期人道主義理想，又前進到革命的「人民的世紀」❸。理想性的現代化似乎有落實的希望，但這是否文人的又一次「虛象」呢？

三

近四十餘年，臺灣「現代文學」與「現代化」的關係時疏時密，

始則二者若不同步，終則兩相交葛。

臺灣走向現代化，是在威權統治之下進行的。通過從上而下的改革，把農業社會逐步向現代工業社會轉化。六十年代中葉，經濟建設計劃初獲成果，工業開始起飛，推動社會結構的根本變革❹。文學的發展亦以此爲轉折點。在此之前，本地出現的「現代主義」，多只是外國文學的臨摹與文人的冥想，跟社會「現代化」的階段殊少相應，卻是迴避官方意識型態的一種「純文藝」創作。在此之後，官方壓力仍在，但隨著中產階級知識分子成長，文學遂與社會的「現代化」有所呼應，謀求介入社會的發展。採取的寫作方法，不管仍是「現代主義」還是其他名目，文學較能切入實際的社會人生處境，並隨著現代化的進程而演進。於是臺灣文學遂創出別一時空的中國文學所未有的新格局。

五十年代前期興起的「現代詩」，雖然分出流派，大體是中國三十年代一度流行的法國象徵派詩的承續，加上統稱爲「現代主義」的二十世紀詩派，特別是超現實主義與艾略特以來的詩風。在臺灣的中國詩人迴避政治而在文藝方面「超前」，卻不免多是西方文學現代性的倒錯的虛象。六十年代初，臺大學生主辦的《現代文學》，一方面譯介卡夫卡、吳爾夫、喬埃斯、沙特等大家，一方面推出他們自己「現代風」的小說創作。這批「現代詩」與「現代小說」，迴避政治意識型態，來爭取文藝生存空間，以西方「已現代化」的存在感受，映襯自己的生存處境，卻常躲在潛意識與主觀夢幻的個人世界中。

但這種「現代主義」畢竟跟「現代化」的理想或基本意念頗有差殊。因此即使在五十年代的政治氣氛下，也出現「人文主義」與「自由主義」的聲音，夏濟安在《文學雜誌》創刊號（一九五六）上宣稱：「我們不想逃避現實。」「我們不想提倡爲藝術而藝術。」「我們

並非不講求文字的美麗，不過我們覺得更重要的是：讓我們說老實話。」❹另外一份文化刊物《文星》，一九五七年創刊標出「文學的、藝術的、生活的」方針，兩年後修訂爲「思想的、生活的、藝術的」，特別標出「思想」；且不因翌年《自由中國》被封而退縮，掀起的思想論戰並因李敖於六一年底參加編務而大張。《文星》儼然繼承五四精神，大力推進現代化的啓蒙工作。介紹西方思想，也不限於自由主義，並及存在主義等新思潮，對文學產生不小影響。

於是思想方面的「自由主義」跟文藝方面的「現代主義」，始則若即若離，終因經濟現代化初獲成果而趨於匯合。六十年代中葉以來，文藝活動向兩條線索開展。一是「前衛藝術」❷繁興，文學美術電影戲劇聯成一氣，遠比五十年代的現代主義更具衝力。一是對「現代主義」的反省與批判，回歸現實生活、人道主義、與民族的自我定位。陳映眞認爲：「臺灣的現代主義，不但是西方現代主義的末流，而且是這末流第二次元的亞元。」❸說得未免偏激，實則要求文學對這轉型中的社會人間作出自主的認識和思考。他們提出「現實主義」，並非回到簡單的寫實，卻多結合「現代主義」的藝術思維與技法，刻劃轉變中的都市與鄉土的人生現實。

進入七十年代，國際氣候與島內政治格局的變化，並不影響經濟社會結構現代化的進程。上述兩條線索繼續展開。「現代主義」一如在歐美國家，逐漸從文化叛逆進入文化建制。「現實主義」與「鄉土文學」則正如在「現代化後進國家」，盡其義務督責現代化朝向社會正義與民族尊嚴的方向發展。七十年代後期的所謂「鄉土文化論戰」，與其說是鄉土派與現代派的爭執，不如說是自主意識強烈的現代知識分子，跟當權者「經濟現代，政治保守」而來的文藝政策的衝突❹。

八十年代，島內政治也開始進入轉型期。在現代化的所謂「大衆消費社會」與政治活動的喧嚷中，文學更多元化開展。一方面，陳映眞提出「第三世界文學」⑮，宋澤萊強調本土意識，但他們的創作都融入現代主義手法來揭示各自認識的臺灣現代化過程的問題。另一方面，隨著歐美從「現代」走向「後現代」，此地雖然不免出現一些淺薄的摹本，但觸發了文藝思維更多方面多層次切入現代都市生活。嚴酷的反諷與遊戲的點染，「後設」與其他「策略」之運用，見於例如黃凡張大春的作品中者，使得臺灣小說幾與世界文學同步。衆聲喧嘩，文學領域也像現代社會中其他領域趨於中心分離，多元分立。「現代」也好，「後現代」也好，臺灣八十年代的文學畢竟形成「現代性」跟「現代化」大體相關的格局。

四

如果說近四十餘年中國大陸走的是另一模式的現代化道路，基本理念跟原先的啓蒙思想不盡相同；那麼，初期取得巨大的成績，主要見於城鄉經濟改造及大型工業建設者，不無因爲藉著理想主義與民族主義的鼓舞，集體主義取代了個體意識，國家對社會獲得前所未有的控制與動員能力，而獲得相當成果⑯。文藝工作也納入政府指導之內。五四以來「直面人生」的現實主義，轉成在設定的意識型態取向之下的歌頌與批判；現實經「過濾」寫入作品，成爲另一種公式主義。它跟「浪漫主義」相結合，不過把頌歌唱得更昂揚，卻更脫離現實。文學充當鼓動宣傳「社會主義」「現代化」的工具，任務越明確，越走到文學的反面。文人也從「無我」地獻身到眞我之失落，以至連「個體」也不能自保。固然也有些較好的作品，如《紅旗譜》

《創業史》，意義在於民族形象史詩式的塑造，但藝術手法不出傳統西方長篇與傳統中國英雄傳奇模式。但就連這樣的作品，文革中也要掃蕩。文革掃蕩的當然遠不止文學；「現代化」整體摧折，文化則在激進的外表下退回「封建主義」即「現代前」的蒙昧。

　　因此文革後的「撥亂反正」，就政治經濟而言，是「把工作重點轉移到社會主義現代化建設上來」❹，進行改革開放；就文化而言，「思想解放」意味著重新認取「現代」的啓蒙精神，包括「人道主義」與「自我」的重新發現。同時又因文革的「浩劫」，可以跟世界大戰後西人眼中的「廢墟」相彷彿，西方「現代主義」所表現的個體惶惑、主體失落、靈魂探尋等等，文革後中國文人有類似的體會。於是八十年代中國的「現代派」文學，既有「現代主義」式的悲情與惶惑感，又有「啓蒙精神」的樂觀與進取性，其中又貫穿著中國文人的憂患意識，與中西文化撞擊產生的民族自身的反省批判與改造重建。因此可以說，世紀初以來中國文學的總主題，「立人」與「救國」的意識一度被烏托邦理念架空之後，再度落實開展，並且跟二十世紀世界文學精神與手法，有所匯通。

　　「開放」之初，當小說尚以「傷痕文學」「反思文學」強調「現實主義之復歸」之際，所謂「朦朧詩」❹便邁出類似「現代主義」的步伐。其實朦朧詩的一些作者，早在七十年代前期的文化荒漠中，已開始藉詩探求自我。到作品在七八十年代之交能公開發表，他們遂欣喜於「現代詩中可以寫自我了，這是一個多大的進步呵！」而且自己承認，「他們是正由於意識到了自我，而不斷地徘徊、苦悶、思考、求索的、迅速地長成起來的一代人。」❹至於形式上的「新」或「現代風」，則是由多種原因形成，其中當然包括西方現代詩藝的借鑑；而且由於作者有自己切實的體驗與感受，所以不徒是形式的移植，更

是形式背後對生命的契會。形式與風格表現看似「朦朧」，但主題大
體指向社會的荒誕與自我感性之復甦，因此其實是浪漫主義跟現代主
義的聯結。與五十年代臺灣的「現代詩」比，詩思與技法頗多暗合，
生命感則更真切。

「現代派」小說於七八十年代之交，以王蒙的「意識流」手法運
用於時代與個體命運之反思，打開局面；隨後戴厚英的《人啊，
人！》也用以作人道主義的呼籲❺。同時學術界「美學熱」的掀起、
人道主義與異化問題的討論，也與文學的開拓相呼應。一九八二年，
徐遲的立論不算嚴謹的短文〈現代化與現代派〉，一九八四年劉再復
的大體敷陳西方成說的〈論人物性格的二重組合原理〉及次年的〈論
文學的主體性〉，對中國文學推進之功，遠超文章實際內容所示❺。
「大氣候」也開始好轉。彷彿跟中共十二屆三中全會（一九八四年十
月）通過「城市經濟體制改革」方案，跟作協四屆大會（一九八四年
十二月）明確提出「創作自由」，有所回應，中國文學在一九八五年
出現重大的突破。既有比較近乎正規的西方現代主義的作品，如劉索
拉與殘雪從兩極分別追迹個體的放逐與尋找，呈現個體的壓抑與夢
魘；更有多少受拉丁美洲文學啓導的「尋根派」及與之相近的作品
❺。尋根一詞雖概念含混，卻涵蓋一群出入於民族傳統與現代意識的
作者。所謂民族傳統，包括價值取向與生存方式，包括積累下來的正
統文化與「規範」之外的民間文化、乃至邊地的原生文化。而現代意
識既表現於以西方（包括拉美）文化爲參照，也表現於西方現代主義
（及其後續如「魔幻現實主義」）技巧之吸納。受到西方現代藝術思
維的啓示，重新體味東方傳統的美學意趣，領會禪道的「非理性」的
妙悟；此既契接於西方文學現代性對現代化以來「理性主義」之反
撥，又爲中國的現代派提供民族文化的基礎。從汪曾祺到阿城、韓少

功到莫言，一前一後，雖然不能只用「尋根」的名目去囊括，這一派作者在自我意識的覺醒與歷史民族的承擔感中，顯示出他們本質上仍然抱有積極的人文精神。

但文學的飛揚，只能維持兩三年。八七年以後的「商品化」大流，彷彿把人們推向價值失序唯錢是尚的庸俗的現代社會。作者如果不隨著通俗走，便只好更加退回個體的世界。稱爲「新實驗小說」的，偏重作者個體獨特的認知與想像，以「形式」的完成來建構超驗的眞實。稱爲「新寫實小說」的，偏重人物個體生活「原生態」的呈現，不避凡庸卑俗瑣碎❸。這兩種寫作方式，不管是「虛構」還是「寫實」，都帶有對既定價值與意識型態之消解。而王朔近年獨領風騷，活用通俗文學的形式，消解種種神聖的光環，在商品化氾濫、權威化失序、現代化尷尬的當兒，成爲社會情緒宣洩的代表❺。有論者把這幾類作品比擬於西方的解構心態與後現代主義❺，這可能說得過頭。但也可見中國近十餘年的文學步伐，追迹世界文學，即使形貌技巧多於精神實質，也多少走過從「現代」到「後現代」的歷程；但由於本體建基於中國現代化的具體階段的實際狀況，因此所表現的「現代性」，不能不是西方的變異。比諸西方而「僞」，是否其於中國爲「眞」，則要細論作品本身的內在價值了。

（按：本文應該還寫一節結語，但字數已超過原定的規限，而且要說的話，大體已蘊藏在本文的上半篇，所以不妨免掉。至於跟「現代性」相反相成的另一個概念——「傳統性」問題的探討，則要另文試予談說了。）

注　釋

❶Modern一詞，日本一向譯爲「近代」，因此Modernization也譯爲「近代化」。中國人起先沿用日本的譯名。二三十年代中國有人譯爲改「現代」。初則兩種譯法雜用，造成混殽，後來則多用「現代」一詞。至於五十年代以後中國大陸史學界把中國史之一八四〇年至一九一九年定爲「近代」，一九一九至一九四九爲「現代」，四九以後爲「當代」，則是另一種分期方式。如此劃出的「現代」跟Modern 的概念不盡相應。

❷參 Matei Calinescu, *Five Faces of Modernity*（Duke University Press, Durham, 1987），特別是第一部份"The Idea of Modernity."

❸參前書pp. 68～92。近年有關'Post-Modern'的討論熱烈，帶起對Modernity的多方審視，不限於文學藝術。

❹「二十世紀中國文學」概念的提出，意在打通大陸五十年代以來定立的「近代文學」、「現代文學」和「當代文學」的研究格局。這概念是由黃子平等提出的。參黃子平、陳平原、錢理群《二十世紀中國文學三人談》（北京：人民文學出版社，一九八八）。

❺五十年代以來，西方（特別是美國）對「現代化」問題研究興盛，主要由「後殖民地」及「發展中國家」的「現代化」進程所引發。理論介紹，初步可參 Alvin Y. So., *Social Change and Development: Modernization, Dependency and World System Theory*（Sage Library of Social Research, Newberry, U. S. A., 1990）。與中國問題相關者，參孫立平《傳統與變遷：國外現代化及中國現代化問題研究》（哈爾濱：黑龍江人民出版社，一九九二）。

❻借用青年魯迅早期文章之語及其引文，見《摩羅詩力說》。

❼關於漢語「現代化」一詞出現的經過與胡適就這個問題的論述，參羅榮渠〈中國近百年來現代化思潮演變的反思〉，收入羅榮渠主編《從「西化」到現代化》（北京：北京大學出版社，一九九〇），頁一二～二二。

❽參❼所舉羅書之「第二編──中國現代化的道路：資本主義還是社會主義?」

❾參沈雁冰早期所寫的文章，收入《茅盾全集》，第十八卷（北京：人民文學出版社，一九八九）。

❿中國大陸七十年代後期以來，評論界通常所談的「西方現代派」，範圍比英美評論界所談的Modernism 爲廣。袁可嘉等編過一套《外國現代派作品選》，共四冊。（上海：上海文學出版社，一九八〇～一九八五）。參袁可嘉爲該書所寫的「前言」。

⓫Realism 作爲文藝術語，三十年代之前一般譯爲「寫實主義」，三十年代以來又譯爲「現實主義」。詳下❷。

⑫關於Modernism 的意義，參❷所舉Calinescu 書，又Malcolm Bradbury and James McFarlane, ed., *Modernism* （Penguin Books, 1976）. 又 Douwe Fokkema and Hans Bertens, ed., *Approaching Postmodernism* （John Benjamins, Amsterdam and Philadelphia, 1984）所收文章中，有 從文學史角度，分辨「現代主義」與「後現代主義」者。

⑬關於這個主義及其入華的簡述，參拙文〈社會主義現實主義是什麼〉，載 《聯合文學》第一〇三期（臺北，一九九三年五月），頁一九二～一九三。

⑭參黃子平〈關於「偽現代派」及其批評〉，載《北京文學》一九八八年二月 號，頁四～九。

⑮參❷所舉Calinescu書，頁四六～五八，頁一七八～一九五。

⑯對「現代派」的討伐，八十年代大陸多來自保守的官方；對「現代主義」的 批判，六七十年代臺灣則多來自開明的知識分子。詳下文。

⑰傳統的「文」、「文章」，乃至「文學」的概念，不盡相同於初由日本人據 Literature譯成漢字的「文學」一詞的涵義。可參郭紹虞《中國文學批評 史》上冊（上海：商務，一九三四），頁二～一〇；James J. Y. Liu, *Chinese Theories of Literature*（University of Chicago Press, 1975）pp. 7－9.

⑱文類秩序的調整，最重要的是「小說」從邊緣移到中心。參陳平原《中國小 說敘事模式的轉變》（上海：上海人民出版社，一九八八）下編。

⑲參欒健梅《二十世紀中國文學發生論》（臺北：業強，一九九二）上編。

⑳八十年代末期，中國大陸一些年輕學者曾經提議「重寫文學史」。參《上海 文論》一九八八年第四期至一九八九年第六期有關欄目。

㉑黃子平等《二十世紀中國文學》（見❷），頁五。

㉒梁啓超取法的日本「政治小說」，不過是日本對西方二三流小說的仿作。梁 啓超於一九〇一年曾譯日人所作《佳人奇遇》。梁啓超的論文〈論小說與群 治之關係〉、小說《新中國未來記》，刊於一九〇二年。其時日本早已出現 頗具「近代」意義的小說理論——坪內逍遙的《小說神髓》（一八八五），與「近代」的寫實小說——二葉亭四迷的《浮雲》（一八八七～九〇）。

㉓嚴復語引自〈甲辰出都呈同里諸公〉詩，康有爲語引自〈琴南先生寫萬木草 堂圖題詩見贈賦謝〉詩。《茶花女遺事》譯述因由，參張俊才《林紓評傳》 （天津：南開大學出版社，一九九二），頁六六～七〇。

㉔參周錫山編《王國維文學美學論著集》（太原：北岳文藝出版社，一九八 七）所收論文部份。

㉕魯迅〈文化偏至論〉〈摩羅詩力說〉二文原刊於一九〇八年留學生雜誌《河 南》，後收入《墳》，見《魯迅全集》（北京：人民文學出版社，一九八 一），第一卷，頁四四～一一五。

㉖參周作人文〈關於魯迅之二〉，收入《瓜豆集》（上海：宇宙風社，一九三

七）。

㉗「將令」的「將」，包括陳獨秀。陳獨秀本啓蒙主義提倡新文化運動。

㉘周作人《自己的園地》（北京：北京晨報社，一九二三）。

㉙周作人〈人的文學〉一文作於一九一八年，收入《藝術與生活》（上海：群益書社，一九三一）。

㉚參 Bonnie S. McDougall, *The Introducton of Western Literary Theories into Modern China* (Tokyo: The Center for East Asian Cultural Studies, 1971), pp. 190－218.

㉛參拙文〈關於茅盾與自然主義的問題〉，收入拙著《文學的傳統與現代》（香港：華漢文化事業公司，一九八八）。

㉜參㉛所舉拙著，頁九六及一一一。

㉝參拙文〈魯迅與馬克思主義文藝思想〉，收入㉛所舉拙著。

㉞參拙文〈現代中國文藝的「民族形式」問題〉，收入㉛所舉拙著。

㉟參李歐梵〈中國現代文學中的現代主義〉，收入李歐梵《中西文學的緬想》（香港：三聯書店，一九八六）。

㊱八十年代中國大陸重新評價這派小說，嚴家炎編選了《新感覺派小說選》（北京：人民文學出版社，一九八五）。參嚴家炎所寫「前言」。

㊲參孫玉石編選《象徵派詩選》（北京：人民文學出版社，一九八六）「前言」，及藍棣之編選《現代派詩選》（北京：人民文學出版社，一九八六）「前言」。

㊳艾青譯有凡爾哈侖詩集《原野與城市》（上海：新群出版社，一九四八）。

㊴穆旦、鄭敏、杭約赫等九人詩作，三十餘年後編成《九葉集》（江蘇人民出版社，一九八一），文學史家遂立「九葉派」之目，參藍棣之編選《九葉派詩選》（北京：人民文學出版社，一九九二）「前言」。

㊵參彭懷恩《臺灣政治變遷四十年》（臺北：自立晚報，一九八七）。

㊶《文學雜誌》，第一卷第一期卷末〈致讀者〉。

㊷Avant-garde 大陸譯爲「先鋒」，港臺譯爲「前衛」。

㊸陳映眞以許南村筆名發表〈現代主義再開發〉一文，載《劇場》季刊，一九六五年十二月號。引文見該刊頁二七〇。該文收入許南村著《知識人的偏執》（臺北：遠行，一九七六）。

㊹參尉天驄主編《鄉土文學討論集》（臺北：遠流，一九七八）。

㊺陳映眞〈中國文學和第三世界文學之比較〉，收入陳映眞《孤兒的歷史·歷史的孤兒》（臺北：遠景，一九八四）。

㊻參李路路、王奮宇《當代中國現代化進程中的社會結構及其變革》（杭州：浙江人民出版社，一九九二），頁一八五～一九三。

㊼一九七八年十二月十八日召開的中國共產黨十一屆三中全會的決定。

㊽「朦朧詩」的命名，頗欠恰切。有關討論文章，參姚家華編《朦朧詩論爭

集》（北京：學苑出版社，一九八九）。
㊾王小妮語。見〈請聽聽我們的聲音——青年詩人筆談〉，載《詩探索》一九八〇年第一期。
㊿王蒙在一九七九年發表中篇〈布禮〉、短篇〈夜的眼〉，戴厚英一九八〇年出版長篇《人啊，人！》。他們所用的手法，能否眞算得上「意識流」，不無爭議。
(51)徐遲文刊於《外國文學研究》一九八二年第一期。劉再復首文刊於《文學評論》一九八四年第三期，次文刊於《文學評論》一九八五年第六期及一九八六年第一期。
(52)參拙文〈中國當代文學的文化「尋根」討論述評〉，收入㉛所舉拙著；及季紅眞《憂鬱的靈魂》（長春：時代文藝出版社，一九九二）所收有關「尋根文學」論文。
(53)「新實驗」、「新寫實」等，都是評論者暫定的標目，尙未有公認的明確的指謂。浙江文藝出版社一九九三年二月曾出版一套《中國當代最新小說文庫》六册，其中兩册名曰《新實驗小說選》《新寫實小說選》。參二書「前言」。
(54)參王朔等著《我是王朔》（北京：國際文化出版公司，一九九二）。
(55)如樂黛雲〈解構心態與當代創作〉，向「兩岸暨港澳文學交流研討會」（一九九三年五月在香港中文大學舉行）提交的論文。

中國文學的現代化和政治化：

晚清文學和翻譯活動的一些現象

王宏志

一

人們談到中國大陸的現當代文學時，對於裏面所包含的強烈政治意味，大都深感不滿，這是可以理解的。自從毛澤東在一九四二年發表了〈在延安文藝座談會上的講話〉，規定文藝必須爲工農兵服務後，文學便完全成了政治的附庸，我們見到的是大量的所謂「沿著工農兵方向前進的文學創作」、「思想性」、政治性極高，但卻不重視藝術技巧。正如一位大陸的論者說，從一九四九年至文革，「極『左』的政治功利主義文學觀則已經被人爲地神化爲不可侵犯的最高經典和教條」❶，難怪一般人對這段時間所出現的文學作品會有這樣的不滿。

其實，「政治功利主義文學觀」是「古已有之」的，文學早就給利用來宣傳政治思想。即以中國最古老的兩部文學巨著《詩經》和《楚辭》爲例：《詩經》裏面很多本來是很出色的言情民歌，卻被解釋爲具備了積極的政治作用，所謂的「興觀群怨」、「厚人倫、美教化、移風俗」、「下以風刺上，上以風化下」等；至於《楚辭》，則衆所周知是屈原借以諫楚懷王的詩篇，這就是文學家自己以文學來達

到某種政治目的了。

　　事實上，在中國古代，政治影響文學的可能性是很大的，原因在於中國的政治家與文學家的分界原來便不怎樣明顯。中國傳統的讀書人，大都抱有一種「學而優則仕」的思想：讀書的最終目的是爲了做官。結果，中國一直沒有產生以寫作爲專業的作家群（當然這還有別的原因，其中一個很重要的因素是由於敎育不普及，中國從沒有出現過足夠的讀者群來養活專業的作家），她的士大夫階級──也就是直接參與政治活動的人──本身大部分也是中國的文學作家，因爲他們差不多就是中國唯一的知識分子。我們可以很輕易地舉出很多例子來，例如對古文運動有極大貢獻的「唐宋八大家」，差不多每一位都是當時政壇上的重要人物。在這情形下，這些身兼政治家與文學家雙重身分的知識分子，很自然便會將政治方面的事情帶到文學裏面去，同時也會利用文學來宣傳政治思想。

　　可是，實際的情況又似乎不是這麼嚴重。毫無疑問，中國古典文學裏面確有很多思想性很高的作品，同時又具備了很高的藝術價值，例如杜甫的〈三吏〉、〈三別〉，白居易的新樂府等，都算得上是「政治詩」。不過，必須強調，這些作品所表現的只是一種廣義的政治意義，裏面沒有半點比較具體的政治槪念，大抵只是表現了一種悲天憫人，忠君愛國的儒家思想，也就是說，中國古典文學裏面並沒有狹義的政治作品。至於其中的原因，很可能是因爲在中國文學批評裏面，很早便有所謂「文、筆」之分，一般文學家在創作文學作品時，都不會寫進狹義的政治槪念，而政論的文字，一般也不會被視爲文學作品，結果，即使作品裏面有些所謂政治的成分，都只不過是個人的抒懷，如上面提過屈原的〈離騷〉，杜甫的〈三吏〉、〈三別〉等。當然，還有一個可能性，便是如果眞的有一些政治性過於濃烈，以致

嚴重影響它的藝術性的作品，也許很早便已經被淘汰了。因此，翻開一部中國古代文學史，我們只見到一些過分講求技巧的作品，但卻不多見枯燥沈悶、政治性濃烈的東西。

　　但這情形到了晚清時開始有重大的改變，文學跟政治的關係變得很密切，政治家刻意利用文學來改良政治，宣傳政治，而作品裏所表現的政治思想也非常具體，非常狹窄。可以說，從晚清開始──更準確的說，是甲午戰爭以後，中國文學進入了一個新階段，從這個時期開始，中國文學一個很重要、也許可以說是主流的特徵，在於它包含了強烈的社會意識及政治色彩。

　　毫無疑問，這中國文學的政治化，是跟中國整個國家民族的現代化緊緊扣著的，也就是在晚清時候，中國受著內憂外患的困擾，中國民族隨時有亡國滅種的可能，清政府被迫走上現代化之路，而這一次的政治改革，跟從前各朝代很不相同的，最重要的分別，在於維新派人士並不相信僅僅依賴朝廷便足以救國，他們要求借助人民的力量。在推動人民方面，他們相信只有以文學才能產生積極有效的作用，這便帶來了文學的政治化。

　　此外，這次政治上的改革運動還有另一處跟從前的政治改革不同的地方，就是向西方的借鏡和學習。在很大程度上，我們可以說，中國的現代化過程，其實是一種「西化」的過程：從「中學為體，西學為用」到「全盤西化」，而為了配合這政治上的西化過程，這時期的文學也走上了「西化」的道路；眾所周知，晚清是一個翻譯活動極為蓬勃的時期，除了科技以及社會科學的專著給翻譯過來外，大量的外國文學作品也給譯介到中國，這間接催生了中國文學的變化，也就帶動了中國文學自身的現代化：從晚清開始，特別是「五四」以後所出現的「現代」中國文學作品及作家，差不多全都受到西方文學思想、

作家及作品的影響。

這樣，我們甚至可以說，在中國文學的現代化進程裏，社會化和政治化扮演了非常重要的推動角色，也就是說政治力量帶動了具備現代性的文學的發展，原因是人們出於政治上的需要而譯介外國的作品；但另一方面，人們又利用了文學來協助推動政治改革，也就是推動整個中國社會、政治的現代化。由此看來，中國文學的現代化和中國政治的現代化是相輔相成，相互影響的。

本文會集中看看在晚清時期政治和社會問題跟中國文學發展的關係以及文學和翻譯活動中一些比較值得注意的現象。

二

一八四〇年，中英爆發第一次鴉片戰爭，清政府戰敗，被迫開始向西方學習，推行維新改革。儘管在很長的時間裏，這些所謂維新改革都很不徹底，但基本可以算是邁開了「現代化」的第一步。不過，在最初的時候，中國文學並沒有馬上產生變化，作出反應。例如林則徐的「苟利國家生死以，豈因禍福避趨之」❷，以至姚燮的〈北風吟〉、〈哀雁〉，貝青喬的〈咄咄吟〉、金和的〈圍城紀事六詠〉和張維屏的〈三元里〉等，都是政治性很濃烈的愛國詩篇❸，但它們在很大程度上跟從前的愛國詩篇沒有多大分別，表現的仍然是忠君愛國，悲天憫人的感情，完全是一種個人的情懷，沒有具體的政治思想，也沒有把文學直接用作推動維新改革的工具，更不要說提出文學上的改革，從而協助帶動國家的改革。

在維新的最早階段裏，人們沒有把文學直接用作推動政治改革的工具，是可以理解的。因為在這初段的改革過程裏，人們所願意承認

的，只是西方的「船堅炮利」，因此，他們所要向西方學習的，也只是在物質方面，即所謂的「器物」。魏源說過要「以夷之長技以制夷」，而「夷之長技有三：一戰艦，二火器，三養兵練兵之法」❹，王韜也說過：「形而上者中國也，以道勝；形而下者西人也，以器勝」❺，薛福成也說「取西人器數之學，以衛吾堯舜禹湯文武周公之道」❻。在這情形下，文學和政治是不會扯上密切的關係的，而文學也不可能產生變化。

　　這種情況一直維持至大概是甲午戰爭以後，人們開始認識到「中學為體，西學為用」並不足以救國，他們知道「中國之患，患在政治不立，而泰西所以治平者不專在格致也」❼。例如「公車上書」、「百日維改」的康有為，「得西國近年匯編環遊地球新錄及西書數種覽之，薄遊香港覽西人宮室之瑰麗，道路之整潔，巡捕之嚴密，始知西人治國有法度，不得以古舊之夷狄視之」❽。這時候，他們開始鼓吹「參西法以救中國」。在這種涉及到思想和法制的改革裏，文學便能發揮作用，結果，中國文學——特別是文學的觀念——也開始產生了變化，也可以說，從這時候開始，中國文學的現代化與中國政治社會方面的現代化便緊扣著，而中國文學的現代化也深深的刻上社會和政治的烙印。

　　我們不可能在這裏詳細討論中國文學在這時候的種種變化，但毫無疑問，這時期的文學一個很重要的特點，就是那時候的文人（同時也是政客）很重視及強調文學的功利性，且要利用文學來推動政治改革（現代化）。眾所周知，影響晚清文壇最力者是梁啓超。一八九九年，他首先提出了「詩界革命」、「文界革命」兩個口號❾，接著在一九○二年的〈論小說與群治之關係〉中又提出「小說界革命」的口號，三者之中，自然是以「小說界革命」的影響為最大。

梁啓超的「小說界革命」，完全是出於政治功利的考慮，〈論小說與群治之關係〉一文中最廣為人徵引的是以下的一段說話：

> 欲新一國之民，不可不先新一國之小說。故欲新道德，必新小說；欲新宗教，必新小說；欲新政治，必新小說；欲新風俗，必新小說；欲新學藝，必新小說；乃至欲新人心、欲新人格，必新小說。何以故？小說有不可思議之力支配人道故❿。

雖然他的重點在於要「新小說」，也就是要小說界革命，但這論點的大前提，在於小說「有不可思議之力支配人道」，這是把小說跟政治扯上關係的重要基礎。毫無疑問，這種思想在晚清時非常流行，事實上，在梁啓超之前，嚴復和夏曾佑在天津《國聞報》上發表了〈國聞報附印說部緣起〉，說到「夫說部之興，其入人之深，行世之遠，幾幾出於經史上，而天下之人心風俗，遂不免為說部之所持」，又說，「本原之地，宗旨所存，則在乎使民開化」⓫；而康有為〈「日本書目志」識語〉中的一段說話，更可算是梁啓超的理論的濫殤：

> 僅識字之人，有不讀「經」，無有不讀小說者。故「六經」不能教，當以小說教之；正史不能入，當以小說入之；語錄不能喻，當以小說喻之；律例不能治，當以小說治之⓬。

而在梁啓超提出了「小說界革命」的口號後，他的理論幾乎馬上完全得到肯定和認同，接著出現的是很多極為類似的文章，諸如〈論小說與改良社會之關係〉、〈小說與民智關係〉、〈論小說與社會之關係〉、〈小說與風俗之關係〉⓭等文章。

　　梁啓超還在一八九八年十月創辦《清議報》時提出了一個新文類：政治小說，並規定這是該報刊載六項內容之一，他解釋提倡政治小說的原因：

　　　　在昔歐洲各國變革之始，其魁儒碩學，仁人志士，往往以
　　其身之所經歷，及胸中所懷，政治之議論，一寄之於小說——
　　往往每一書出而全國之議論爲之一變。彼美、英、德、法、
　　奧、意、日本各國政界之日進，則政治小說，爲功最高焉。英
　　名士某君曰：「小說爲國民之魂。」豈不然哉！豈不然哉❶！

他除了翻譯了柴四郎的小說《佳人奇遇》外，自己也嘗試創作了《新中國未來記》，目的是「專欲發表區區政見」，他竟然將憲政黨章、治事條略，以至演說等，直接寫進小說裏面，變成一篇政治學的論文，梁啓超自己也說過這樣的話：

　　　　此編今初成兩三篇回，一覆讀之，似說部非說部，似稗史
　　非稗史，似論著非論著，不知成何種文體，自顧良自失笑。雖
　　然，既欲發表政見，商榷國計，則其體不能不與尋常說部稍
　　殊。編中往往多載法律、章程、演說、論文等，連篇累牘，毫
　　無趣味，知無以饜讀者之望矣❺。

當然，這種「政論式」的小說是很有問題的，原因是他爲著急於傳達政治上的信息，便甘心犧牲藝術技巧。所以，阿英說這部《新中國未來記》只是一部以對話體「發表政見，商榷國計」的書，最精彩的部分是在政治的論辯，跟當時別的很多政治小說一樣，「使讀者有非小

說之感」⑯，而周作人也指出過，因爲梁啓超所注重的是政治的改革，結果，《新民叢報》上的很多文學作品，「都不是正路的文學，而是來自偏路的」，這所謂「偏路」的意思，是指他「想藉著文學的感化力作手段，而達到其改良中國政治和中國社會的目的⑰。」這種政治干預創作的情況，當然不只限於梁啓超，在當時實在是一個普遍現象，例如王無生便說過，寫小說「宜確定宗旨，宜劃一程度，宜釐定體裁，宜選擇事實之於國事有關者」⑱，吳趼人寫《上海游驂錄》，也是「意見所及，因以小說體，一暢言之」⑲，這都是主題先行的做法；而梁啓超《新中國未來記》以政治論文形式寫成的小說，在當時甚至得到一些評論家的讚許，說它第三回的「論時局兩名士舌戰」直比〈鹽鐵論〉，「所徵引者皆屬政治上、生計上、歷史上最新最確之學理」、「字字根於學理，據於時局」⑳；而《東歐女豪傑》第三回數千言的演說，則被評爲「讀此不啻讀一部《民約論》也」㉑。由此可見，這是當時流行的觀點，也是政治對小說創作的一個重要影響──雖然從文學或美術的角度來看，這很可能是一個負面的影響。

但這也有正面及積極的影響，那便是透過肯定小說的政治功用而把小說的地位提高。傳統以來，小說的地位低微，不入九流，但經過梁啓超等人的大力提倡，人們賤視小說的情況一掃而空，小說再不是君子弗爲的末道小技，而是具有救國救民，改革社會，創造世界的能力，結果，小說不單從此走進文壇，且成爲「文學之最上乘」。這種觀點上的改變，對中國小說發展產生了非常重要的作用。十九世紀末二十世紀初，中國小說突然出現了一個繁榮的局面，吳趼人說：「飲冰子〈論小說與群治之關係〉之說出，提倡改良小說，不數年而吾國之新著新譯之小說，幾於汗萬牛充萬棟，猶復日出不已而未有窮期

也。」㉒而寅半生（鍾駿文）也說：

> 十年前之世界爲八股世界，近則變爲小說世界，蓋昔之肆
> 力於八股者，今則鬥心角智，無不以小說家自命。於是小說之
> 書日見其多，著小說之人日見其夥，略通虛字者無不握管而著
> 小說㉓。

這大抵已顯示出晚清小說繁榮的現象，據阿英估計，晚清小說的總數
在兩千種以上㉔，而那時候還有很多專門刊登小說的雜誌出現，如
《新小說》、《繡像小說》、《新新小說》、《月月小說》、《小說
林》等。很明顯，如果沒有梁啓超等把小說與政治改革扯上關係，間
接提高了小說的地位，這小說大盛的局面是不可能出現的。

　　除了梁啓超《新中國未來記》這樣把政治思想直接寫進去的政治
小說外，還有另一種流行的做法，便是無論創作任何題材的小說，也
總得盡量跟政治拉上一點關係，成爲宣傳政治的工具，例如當時便有
人倡議多寫軍事小說，「以鼓舞風雲之氣」；也有人說要多寫科學小
說，「以昌師質文明」；也有人說要大力提倡歷史小說，以借古鑒
今，旌善懲惡㉕；就是偵探小說，也有很大的政治作用，原因是它們
可以反映出「內地讞案，動以刑求，暗無天日者，更不必論」，而
「泰西各國，最尊人權，涉訟者例得請人爲辯護，故苟非證據確鑿，
不能妄入人罪。此偵探學之作用所由廣也。」㉖；更不要說那些「揭
發伏藏，顯其弊惡，而於時政，嚴加糾彈，或加擴充，並及風俗。」
㉗的譴責小說了。阿英的《晚清小說史》總結了晚清小說的三個特
徵，一是充分反映當時政治社會情況；二是作家有意識的以小說來抨
擊政府及社會一切惡現象；三是以小說形式來從事新思想新學識的灌

輸，作爲啓蒙運動㉘。這便說明了晚清文學政治性是多麼的強烈！

晚清的維新派強調以文學，特別是小說來推動革命，因而令當時的中國文學充滿了政治性，究其原因，是他們認爲文學能深入社會，影響民心。上引康有爲梁啓超有關西方政治小說的功用的討論已點出了這個意思，另一位維新派陶佑曾也解釋說：

> 小說，小說，誠文學界中之佔最上乘者也。其感人也易，其入人也深，其化人也神，及其人也廣。是以列強進化多賴稗官，大陸競爭亦由說部㉙。

小說以外，別的文類在晚清也有「革命」，最爲人稱道的是黃遵憲的「詩界革命」。本來，「詩界革命」的提倡，也是出自梁啓超的，他和夏曾佑、譚嗣同等曾嘗試寫了一些「新學之詩」，方法是「摭扯新名詞以自表異」，但後來見到黃遵憲的詩，才知道「近世詩人能鎔鑄新理想以入舊風格者，當推黃公度。」他這裏的重點是在於黃遵憲詩作的內容，雖然也是深具政治性，但具體的細節也不在這裏分析了，在文學史裏，黃遵憲的詩更爲人重視的是他在詩歌文字上的改革，也就是時常徵引他的名句「我手寫我口，古豈能拘牽」，這被視爲後來胡適等人提倡白話詩的先驅，而這種以淺易的筆法寫詩，配合了梁啓超在文體上的改革，在中國文學現代化方面，扮演了極爲重要的角色，同時也使文學更容易的走上政治化、社會化之路，原因是這些淺白的文體是更能打動讀者，深入民間。

晚清時的「新文體」，所指是梁啓超在一八九七年以後在《時務報》上發表文章所用的文體，故又稱「報章體」、「新民體」、「時務體」。梁啓超曾自述這種文體：

　　務爲平易暢達，時雜以俚語、韻語及外國語法，縱筆所至
　不檢束，學者競效之，號「新文體」；老輩則痛恨，詆爲「野
　狐」；然其文條理明晰，筆鋒常帶感情，對於讀者，別有一種
　魔力焉⑳。

對於這種「魔力」，嚴復也曾感慨地說過這樣的話：

　　言破壞則人人以破壞爲天經地義，倡暗殺則人人以暗殺爲
　天經地義㉛。

然而，這種「魔力」卻正是文學爲現代化服務、爲政治服務的基本條
件，原因是它能推動群衆，參與作者所要求的行動。夏曾佑在〈國聞
報附印說部緣起〉所說的一番話，便說明了語言淺白之重要性：

　　而今世之俗，出於口之語言與載之紙之語言，其語言大不
　同。若其書所陳，與口說之語言相近者，則其書易傳；若其書
　與口說之語言相遠者，則其書不傳㉜。

這就差不多是在提倡白話文學了，而他們的目的，就是借助淺白易解
的語言來普及文學，只有在文學普及後，政治改革才有可能成功，這
也是那時候人們要借助文學來推動政治的心態。不過，在我們今天看
來，這也有倒過來看的可能，那就是說，因爲人們要推動政治改革，
因而需要推動文學的改革及普及化，這就是我們在上面所說的政治因
素也可以對文學造成積極影響的意思。

三

在這一節裏，我們會討論自晚清以來的翻譯活動以及外國文學和思想的介紹對中國的文學的現代化，特別是她的政治化和社會化的影響。

本來，翻譯跟文學一樣，是不一定要跟政治扯上關係的。翻譯最初只不過是一種溝通的活動，即一些翻譯理論家所說的「翻譯即溝通」（Translating means communicating）❸，也就是一種平等、雙向的交流，與政治或改革毫無關係。可是，由於中國早期的現代化過程在很大程度上是一種西化的過程，也就是古老的中國在被迫開放門戶後繼而被迫向西方學習，翻譯──把西方的東西拿過來，好能學習──便發揮了很重要的作用。魯迅在一篇他年輕時所寫的論文裏說「別求新聲於異邦」❹，便是這個意思。晚清的時候，人們相信翻譯能很有效和快速地帶動改革，因此，翻譯在中國的現代化過程裏是扮演了極其重要的角色，而翻譯也跟政治扯上了密切的關係。

本來，在鴉片戰爭之前，林則徐在廣東設立譯館，編譯《四洲志》、《華事夷言》，以至魏源主持編譯《海國圖志》，都是深具政治意義的翻譯活動，他們的目的是要探識「夷人」的情況及「夷之長技」，但這些活動與文學沒有關係，這裏不打算討論了。

真正對文學以及文學思潮產生重大的影響的兩位翻譯家是嚴復和林紓，也是康有為所說的「譯才並世數嚴林」❺。嚴復的翻譯，無論在選取作品翻譯、所用的文字、翻譯方法和主張等，都深具政治性，與晚清的維新運動緊扣著，這點筆者在另一篇文章中曾有論述，不贅❻。儘管嚴復所翻譯的全不是文學作品，而是一些社會科學的學術著

作，但他對其後的作家（基本可以說是所有的知識分子）都有極重要
的影響，其中最重要的當然是《天演論》，提倡白話文運動的胡適的
名字，便是來自這部譯作的，而以下魯迅的一段文字更是經常為人所
徵引的：

> 看新書的風氣便流行起來，我也知道了中國有一部書叫
> 《天演論》。星期日跑到城南去買了來，白紙石印的一厚本，
> 價五百文正。翻開一看，是寫得很好的字，……
>
> 哦！原來世界上竟還有一個赫胥黎坐在書房裏那麼想，而
> 且想得那麼新鮮？一口氣讀下去，「物競」「天擇」也出來
> 了，蘇格拉第，柏拉圖也出來了，斯多噶也出來了。……一有
> 空閒，就照例地吃餅，花生米，辣椒，看《天演論》㊲。

　　同樣對魯迅及其同代作家產生重要影響的還有林紓，魯迅對他的
翻譯是每本必讀的㊳。雖然林紓最初翻譯《茶花女遺事》出於偶然
㊴，不像嚴復那樣有明顯的政治動機，但不久他便把翻譯外國小說跟
維新救國拉在一起，他說過這樣的話：

> 吾謂欲開民智，必立學校；學校功緩，不如立會演說；演
> 說又不易舉，終之唯有譯書㊵。

既然抱有這種想法，林紓的翻譯便多具有強烈的愛國思想，他更時常
在譯作的序跋裏宣揚愛國思想。即以《黑奴籲天錄》（H. B. Stowe,
Uncle Tom's Cabin）為例，他便把美國的黑奴聯繫到中國亡國滅種
的可能上，他在譯跋裏說他與合譯者魏易「且泣且譯，且譯且泣」，

「非巧於敘悲以博閱者無端之眼淚,特爲奴之勢逼及吾種,不能不爲大衆一號。」又說:「今當變政之始,而吾書適成,人人既蠲棄故紙,勤求新學,則吾書雖俚淺,亦足爲振作志氣保種之一助㊶。」,而不少讀者更是深爲感動,這裏徵引一位以靈石筆名發表〈讀《黑奴籲天錄》〉中的一段文字:

> 我讀《籲天錄》,以我同胞之未至黑人之地位,我爲同胞喜。
>
> 我讀《籲天錄》,以我同胞國家思想淡薄,故恐終不免黑人之地位,我愈爲同胞危。⋯⋯我愈信同胞蒙昧渙散,不能團結之,終爲黑人續,我不覺爲同胞心碎。
>
> 我讀《籲天錄》,以哭黑人之眼淚哭我黃人,以黑人已往之境,哭我黃人之現在㊷。

這樣的例子還有很多,這裏也不一一臚列了。

嚴復、林紓以外,晚清時還有不少人是借翻譯外國作品來喚醒國民,比較有名的有梁啓超、蘇曼殊、周桂笙、伍光建和馬君武,以至當時還很年輕,在日本留學的魯迅周作人兄弟等。由於篇幅關係,我們不可能在這裏詳細討論他們的譯作和翻譯活動,這裏只稍爲討論一下這些翻譯活動中跟本文的中心點──文學的政治化──有關的幾個現象。

首先是他們的選材。譯者既然抱有特別的政治動機,就是透過翻譯外國作品來喚醒國民,達到救國救民的目的,選材方面也自然是要配合這個政治動機了。可以說,當時不少譯者是在借題發揮,他們所借的題也肯定是具備強烈的政治色彩,與中國國家民族的存亡有關,

上面提到的《黑奴籲天錄》便是一個例子。另外如王韜翻譯過〈法國國歌〉（〈馬賽曲〉）和德國的〈祖國歌〉、梁啓超翻的《佳人奇遇》、吳超翻的《比律賓志士獨立傳》和別的政治小說等，這裏也不細述了。

由於當時的譯者把思想內容放在最重要的位置，他們所翻譯的作品往往不一定含有很高的藝術性，或是一定出自名家之手。在中國大陸備受吹捧魯迅兄弟合譯的《域外小說集》，絕大部分作者都是不見經傳的，但魯迅之所以挑選他們，就在於他們是來自被壓迫的民族，與中國當時的境況相若，魯迅說過：

> 注重的倒是在介紹，在翻譯，而尤其注重於短篇，特別是被壓迫的民族中的作者的作品。因為那時正盛行著排滿，有些青年，都引那叫喊和反抗的作者為同調的。……因為所求的作品是叫喊和反抗，勢必至於傾向了東歐，因此所看到的俄國，波蘭以及巴爾幹諸小國的東西就特別多❹。

這也是政治因素干預了文學發展的一個好例子。當然，我們也可以找到例外的情況，如拜倫在晚清便是非常受歡迎，他的〈唐璜〉（Don Juan）裏〈哀希臘〉一節便有好幾個譯本，包括蘇曼殊、馬君武、胡適和梁啓超等。不過，應該指出，拜倫和他的〈哀希臘〉受到重視，也是因為政治的原因。例如有人曾記蘇曼殊曾在日本月夜泛舟，「歌拜倫〈哀希臘〉之篇，歌已哭，哭復歌，梵聲與流水相應，蓋哀中國之不競，而以倫身世自況❹。」——「哀希臘」也就是「哀中國」，正如梁啓超所說，拜倫的詩篇「倒像有幾分是為中國說理」❹，而魯迅在幾十年後也解釋過人們那時候喜歡讀拜倫作品的原因：

　　有人說G. Byron的詩多爲青年所愛讀，我覺得這話也有
幾分眞。就自己而論，也還記得怎樣讀了他的詩而心神俱旺；
尤其是看見他那花布裹頭，去助希臘獨立時候的肖象。……其
實，那時Byron之所以比較的爲中國人所知，還有別一原因，
就是他的助希臘獨立。時當清的末年，在一部分中國青年的心
中，革命思潮正盛，凡有叫喊復仇和反抗的，便容易惹起感應
㊻。

這是出自一種政治性的選擇，這選擇還表現在很多別的方面。在晚
清，除了政治小說的譯介很流行外，別類的小說也很受注視，但譯者
的著眼點全都放在政治上，也就是說，原來一些沒有強烈政治內容或
意識的小說，給譯介到中國來的時候，也或多或少的塗上了政治色
彩。最明顯的例子是科幻小說（那時候多稱科學小說）的翻譯。

　　科學小說一詞是在一九〇〇年左右才出現的，最早給翻譯過來的
是儒勒・凡爾納（Jules Verne）的作品，比較有名的如《八十日環
遊世界》、《地底旅行》、《月界旅行》等，可是，晚清譯者翻譯凡
爾納的小說，重點在於啓蒙，也就是爲了開啓民智。下引包天笑和魯
迅的兩段文字，便清楚說明他們的動機：

　　　科學小說者，文明世界之先導也。世有不喜科學書，而未
有不喜科學小說者。則其輸入文明思想，最爲敏捷。且其種因
獲果，先有氏所著之《海底二萬里》，而今日英國學士有海底
潛水船之製矣；先有氏所著之《空中飛行艇》，而巴黎學士有
駕空中飛船而橫渡大西洋者矣㊼。

　　蓋臚陳科學，常人厭之，閱不終卷輒欲睡去。強人所難，勢必然矣。惟假小說之能力，被優孟之衣冠，則雖析理譚玄，亦能浸淫腦筋，不生厭倦。……我國說部，若言情談故，刺時志怪者，架棟汗牛，而獨於科學小說，乃如麟角，智識荒隘，此實一端。故苟欲彌今日譯界之缺點，導中國人群以進行，必自科學小說始⓽。

正如一位論者所說：「當時翻譯凡爾納作品的主要目的不是爲了文學而是爲了政治」⓾。

　　其實，別的小說的情形也何嘗不是一樣。如譯狄福（D. Defoe）的《魯濱遜漂流記》，是因爲這本書「法人盧騷謂敎科書中能實施敎育者，首推是書」，所以把它翻譯出來，「以激勵少年」⓾；翻譯《伊索寓言》（那時候的譯名叫《伊娑菩喩言》），是因爲這本書「如英吉利、俄羅斯、佛蘭西、呂宋、西洋諸國，莫不譯以國語，用以啓蒙」⓾，而翻譯狄更斯的《賊史》（*Oliver Twist*），則因爲「狄更斯極力抉擇下等社會之積弊」，如中國有人寫這樣的東西，則「社會之受益寧有窮耶⓾？」總之，在這國家民族存亡的時候，任何東西都跟啓蒙救國扯上了關係。

　　翻譯以外，介紹外國作家作品的情形也一樣。我們在這裏只舉出魯迅《摩羅詩力說》一個例子。

　　「摩羅」，即Mara，魔鬼的意思。魯迅這篇寫於一九〇七年的早期論文所討論的，主要是一班他稱爲「摩羅派」的詩人，包括英國的拜倫、雪萊、濟慈，俄國的普希金，波蘭的密茨凱維支（A. Mickiewicz）、斯洛伐斯基（J. Slowacki）、克拉辛斯基（S. Krasinski）和匈牙利的裴多菲（A. Petofi）等。可是，在這篇文章裏，

魯迅基本沒有怎樣的討論到詩歌的創作，更見不到有關這班所謂「摩羅詩人」作品的藝術特色或技巧的討論。魯迅把他們放在一起，不是因爲他們的詩歌在藝術上有什麼共通之處，而是因爲他們在思想行徑上有一個共通點，那就是強烈的反抗意識。以下徵引幾段文字來證明這論點：

> 摩羅之言，假自天竺，此云天魔，歐人謂之撒旦，人本以目裴倫（G. Byron），今則舉一切詩人中，凡立意在反抗，指歸在動作，而爲世所不甚愉悅者悉入之，……❸。
>
> 上述諸人，其爲品性言行思惟，雖以種族有殊，外緣多別，因現種種狀，而實統於一宗：無不剛健不撓，抱誠守眞；不取媚於群，以隨順舊俗；發爲雄聲，以起其國人之新生，而大其國於天下❹。

那麼，他爲什麼要介紹這些詩人，且爲什麼要這樣去介紹他們？魯迅在上引的一段話後便馬上筆鋒一轉，把他們聯繫到中國來，他連續兩次的呼問中國可有沒有這樣的「摩羅詩人」：

> 求之中土，孰比之哉？……
>
> 今索諸中國，爲精神界之戰士者安在？有作至誠之聲，致吾人於善美剛健者乎？有作溫煦之聲，援吾人出於荒寒者乎？家國荒矣，而賦最末哀歌，以訴天下貽後人之耶利米，且未之有也。非彼不生，即生而賊於衆，居其一或兼其二，則中國遂以蕭條。勞勞獨驅殼之事是圖，而精神日就於荒落；新潮來襲，遂以不支。衆皆曰維新，此即自白其歷來罪惡之聲也，猶

云改悔焉爾。顧既維新矣，而希望亦與偕始，吾人所待，則有
介紹新文化之士人⑤。

魯迅在這裏想要做的，便是這「介紹新文化之士人」，但正如上述，
他所介紹的雖然都是一些詩人，但他卻把重點放在政治鬥爭上，全沒
有顧及文學方面的事，這也正好是晚清時期人們介紹外國文學到中國
來時的普遍做法。上文提到有些人認爲晚清小說界革命有著反文學的
傾向，從上面的討論看來，整個晚清文壇雖然不一定是刻意存在這種
傾向，但他們把文學放在次要的位置，變成政治的附庸，則又是不能
否認的事實。

四

　　上面算是簡單交代了晚清時中國文學在步入現代化的過程裏所出
現的一個現象，那就是具備強烈的政治化傾向。這自然跟時代背景有
密切的關係。陳平原等在提出「二十世紀中國文學」的觀念時指出：
二十世紀中國文學的總主題，是「改造民族的靈魂」，而其美感特徵
則是「悲涼」⑥。其實，這種憂患意識在晚清已經形成，從這憂患意
識引出來的，便是文學的政治和功利傾向。正如上文所說，這種政治
化的傾向，是晚清以來文學的主流。

　　這種強烈的政治化傾向，在進入了二十世紀的中國文學裏面更是
有增無減，「五四」時期，文學成爲反封建、反帝國主義、追求思想
及個人解放的工具，當時最大的文學團體文學研究會，在宣言上便明
確說出「將文藝當作高興時的遊戲或失意時的消遣的時候，現在已經
過去了。我們相信文學是一種工作，而且又是於人生很切要的一種工

作」❺，這也是他們極其怨毒地攻擊「鴛鴦蝴蝶派」的主要原因；就是那號稱「專求文學的『全』(Perfection)和『美』(Beauty)」的創造社❺，情形也相差不遠，郁達夫〈沈淪〉最後的感歎是「祖國呀祖國呀！我的死是你害我的！你快富起來！強起來吧！你還有許多兒女在那裏受苦呢❺！」而郭沫若的〈女神〉據說也具有一種「英雄的基調」，這基調「正是與『五四』反帝反封建運動極為合拍的對祖國的熱愛，以及歌頌叛逆反抗和自由創造的精神」❻，就是魯迅《吶喊》《徬徨》裏的反封建小說（不要說他那些被瞿秋白稱為「戰鬥的阜利通」〔Feuilleton〕的雜文）❻、聞一多《紅燭》《死水》裏的愛國詩，以至林語堂故作幽默、嬉笑怒罵的小品文，無一不是充滿政治性、社會性的。中共三十年代在上海指揮成立「中國左翼作家聯盟」，設有「創作批評委員會」、「工農兵文化委員會」、「大眾文藝委員會」等，定期開會傳達寫作指令，大力推行文藝大眾化活動❻，被不少評論家斥為以政治嚴重干擾文學，但國民黨在三十年代也曾推動過三民主義文學、民族主義文學等，在性質上跟中共的「左聯」是完全一樣的。他們便是這樣的合力構成了中國現代文學的主流──極度政治化的文學。真正嘗試擺脫政治的影響的，是三十年代的所謂「現代派」作家如戴望舒、施蟄存、杜衡（蘇汶）等，另外還有的是如沈從文的抒情小說《邊城》、說過「最大的快樂或酸辛在於一個嶄新的文字建築的完作或失敗」❻的何其芳的《預言》、《畫夢錄》裏的唯美作品等。可是，他們自始至終都沒有成為一種主導，卻只是變成攻擊的目標（蘇汶在「第三種人」的論爭中所說的「誠哉，難乎其為作家！」的感慨❻），而且，由於現代中國的政治形勢實在太惡劣，一九三七年全面抗日戰爭爆發後，一切文學活動也匯集到抗戰的洪流去，戴望舒在香港的日軍監牢中寫著「我用殘損的手掌／摸

索這廣大的土地」❻、何其芳也跑到「革命聖地」去「我歌唱延安」
❻，梁實秋在重慶稍爲說了「現在抗戰高於一切，所以有人一下筆就
忘不了抗戰。我的意見稍爲不同。於抗戰有關的材料，我們最爲歡
迎，但是於抗戰無關的材料，只要眞實流暢，也是好的」，竟也惹來
了難以想像的圍攻，幾十年來沒有得到平反洗脫❻。一九四二年，毛
澤東〈在延安文藝座談會上的講話〉，更把文藝規限於爲工農兵服
務，一九四九年以後，差不多所有作家在上山下鄉、深入學習之餘，
都或先或後的給捲進一浪接一浪的政治鬥爭，文學創作只能描寫工農
兵、歌頌光明面，從《保衛延安》到《山鄉巨變》、《紅旗
譜》、《紅岩》、《創業史》，一直發展到文革時候江青的樣板戲，
更是前所未有的政治干預。一九七九年中共十一屆三中全會以後，形
勢表面看來有所改善，人們開始注意文學的審美問題，雖然政治的干
預時刻仍在威脅著──最近的武器是「資產階級自由化」。不過，假
如我們想深一點，在經歷了這許多「黨八股」的政治干預後，作家和
評論家大聲疾呼，要求給與文學創作更多自由，要求作家重視文學的
獨立自主和審美標準，背後其實不也是負有強烈的政治意義嗎？

注　釋

❶吳俊，《冒險的旅行》（上海：上海文藝出版社，一九九○年二月），頁二○九。

❷林則徐，〈赴戍登程口占示家人〉，《林則徐詩文選注》（上海：上海古籍出版社，一九七八年二月），頁二九五。

❸關於這時期的愛國詩篇的討論，參龔喜平，〈論鴉片戰爭愛國詩潮的「詩史」特徵〉，收郭延禮主編，《愛國主義與近代文學》（濟南：山東教育出版社，一九九二年三月），頁二七～四四；曹振華，〈論鴉片戰爭愛國詩潮現實主義的復歸與深化〉，同上，頁四五～五七；向云，〈鴉片戰爭時期詩歌中的愛國主義〉，同上，頁五八～六七。

❹魏源，《海國圖志》叙，《海國圖志》（臺北：成文出版社，出版日期缺），頁五～六。

❺王韜，〈弢園尺牘〉，錄自郭延禮：《愛國主義與近代文學》，頁一一五。

❻薛福成，〈籌洋爭議〉，同上。

❼梁啓超，〈變法通議·論譯書〉，同上。

❽康有爲，《康南海自編年譜》（臺北：文海出版社，一九七二年一月），頁一一。

❾梁啓超，〈夏威夷遊記〉，《飲冰室合集》專集第五冊（上海：中華書局，一九三六年），頁八九～九一。

❿梁啓超，《飲冰室合集》第四冊之十，頁七。

⓫幾道、別士：〈國聞報附印說部緣起〉，錄自陳平原、夏曉虹編，《二十世紀中國小說理論資料》，第一卷（北京：北京大學出版社，一九八九年三月），頁一二。

⓬同上，頁一三。

⓭關於這時期的小說理論資料，參陳平原、夏曉虹編，《二十世紀中國小說理論資料》，第一卷。

⓮梁啓超，〈譯印政治小說序〉，《飲冰室合集》第二冊之三，頁三五。

⓯梁啓超，《新中國未來記》緒言，錄自《二十世紀中國小說理論資料》，第一卷，頁三七。

⓰阿英，《晚清小說史》（北京：人民文學出版社，一九八○年八月新一版），頁七六～八○。

⓱周作人，《中國新文學的源流》（北京：人文書店，一九三四年），頁九六。

⓲天僇生，〈論小說與改良社會之關係〉，錄自《二十世紀中國小說理論資料》，第一卷，頁二六四。

⓳我佛山人，《上海游驂錄》識語，同上，頁二五九。

⑳平等閣主人，《新中國未來記》第三回總批，同上，頁三九。

㉑參陳平原，《二十世紀中國小說史》，第一卷（一八九七～一九一六）（北京：北京大學出版社，一九八九年十二月），頁九一。

㉒《月月小說》序，錄自《二十世紀中國小說理論資料》，第一卷，頁一六九。

㉓《小說閑評》叙，同上，頁一八二。

㉔阿英，〈略談晚清小說〉，《小說三談》（上海：上海古籍出版社，一九七九年八月），頁一九七。

㉕參劉柏青，〈晚清小說理論〉，《中國近代文學論文集（1949-1979）小說卷》（北京：中國社會科學出版社，一九八三年四月），頁一二五。

㉖周桂生，《歇洛克復生偵探案》弁言，錄自《二十世紀中國小說理論資料》，第一卷，頁一二〇。

㉗魯迅，《中國小說史略》，《魯迅全集》，卷九，頁二八二。

㉘阿英，《晚清小說史》，頁四～五。

㉙陶佑曾，〈論小說之勢力及其影響〉，錄自《自國近代文學論文集（一九四九～一九七九）小說卷》，頁一三四。

㉚梁啓超，《清代學術概論》（臺北：臺灣中華書局，一九六三年十一月臺三版），頁六二。

㉛嚴復，〈與熊純如書札〉，王栻編：《嚴復集》（北京：中華書局，一九八六年一月）。

㉜錄自《二十世紀中國小說理論資料》，第一卷，頁一〇。

㉝Jin Di & Eugene Nida, *On Translation: With Special Reference to Chinese and English* (Beijing, 1984); *Eugene Nida & William Reyburn, Meaning Across Culture* (New York, 1981).

㉞魯迅，《摩羅詩力說》，《魯迅全集》，卷一，頁六五。

㉟康有爲，〈琴南先生寫「萬木草堂圖」，題詩見贈，賦謝〉。

㊱參王宏志，〈翻譯與政治──有關嚴復的翻譯的幾個問題〉，《中國語文通訊》第二十一期（一九九二年七月），頁九～一六；筆者另有一篇文章討論嚴復的翻譯理論，也有觸及這問題，王宏志：〈重析「信、達、雅」──嚴復的翻譯理論〉，將發表於《中國近代文學研究(2)》。

㊲魯迅，〈瑣記〉，《魯迅全集》，卷二，頁二九六。

㊳周作人，〈魯迅與清末文壇〉，《魯迅的青年時代》（北京：中國青年出版社，一九五七年三月）。

㊴關於林紓翻譯小仲馬《茶花女》的原因，有幾種說法。一是說馬江船政工程處的魏瀚慫恿他與王壽昌合譯此書，他起初不允，後來提出請他遊石鼓山爲條件，魏瀚答應，遂譯此書。（見〈花隨人聖盦摭憶〉）；另一說是林紓喪偶，鬱鬱寡歡，王壽昌勸他合譯此書，以解愁悶（見楊蔭渾：《中國文學家列傳》），而林紓自己則說王壽昌從巴黎回國，與他談起法國文學，盛讚

《茶花女》，他主動提出合譯。（見林紓，〈巴黎茶花女遺事引〉）三說均錄自馬祖毅，《中國翻譯簡史──五四以前部分》（北京：中國對外翻譯出版公司，一九八四年七月），頁三○五。

❹林紓，《譯林》序，《二十世紀中國小說理論資料》，第一卷（一八九七～一九一六），頁二六。

❹林紓，〈「黑奴籲天錄」跋〉，薛綏之、張俊才編：《林紓研究資料》（福州：福建人民出版社，一九八三年六月），頁一○四。

❹錄自《二十世紀中國小說理論資料》，第一卷（一八九七～一九一六），頁一一七。

❹魯迅，〈我怎麼做起小說來〉，《魯迅全集》，卷四，頁五一一。

❹鄭逸梅，〈南社叢談〉，錄自《中國翻譯簡史──五四以前部分》，頁三二四。

❹錄自范泉，〈略談近代翻譯文學的愛國主義選題〉，《愛國主義與近代文學》，頁一七四。

❹魯迅，〈雜憶〉，《魯迅全集》，卷一，頁二二○～二二一。

❹包天笑，《鐵世界譯餘贅言》，錄自孫繼林，〈凡爾納科幻小說在晚清的傳播〉，《中國近代文學研究(1)》，頁二八五。

❹魯迅，《月界旅行辨言》，《魯迅全集》，卷十，頁一五二。

❹孫繼林，〈凡爾納科幻小說在晚清的傳播〉，《中國近代文學研究(1)》，頁二八六。

❺沈祖芬：《絕島飄流記譯者志》，錄自《中國翻譯簡史──五四以前部分》，頁二九五。

❺《伊娑菩喻言》叙，同上，頁二九三。

❺林紓，《賊史》序，《林紓研究資料》，頁一○七。

❺魯迅，《摩羅詩力說》，《魯迅全集》，卷一，頁六六。

❺同上，頁九八～九九。

❺同上，頁九九～一○○。

❺錢理群、黃子平、陳平原，〈論「二十世紀中國文學」〉，《二十世紀中國文學三人談》（北京：人民文學出版社，一九八八年九月），頁二。

❺〈文學研究會宣言〉，收賈植芳等編：《文學研究會資料》（河南：河南人民出版社，一九八五年十月），上冊，頁四四。

❺成仿吾，〈新文學的使命〉，《創造社資料》（福州：福建人民出版社，一九八五年一月），上冊，頁四四。

❺郁達夫，〈沈淪〉，《中國新文學大系──小說三集》（上海：良友圖書公司，一九三五年八月），頁七一。

❻王瑤，《中國新文學史稿》（上海：上海文藝出版社，一九八二年十一月修訂重版），頁七六。

❻何凝（瞿秋白），《魯迅雜感選集》序言，《魯迅雜感選集》（上海：靑光書局，一九三三年七月），頁二。

❻關於「左聯」的組織和活動，可參：Wang-chi Wong, *Politics and Literature in Shanghai: The Chinese League of Left-wing Writers*（Manchester & New York: Manchester University Press, 1991）。

❻何其芳，〈夢中道路〉，《何其芳選集》（成都：四川人民出版社，一九七九年一月），第一卷，頁二一三。

❻蘇汶，〈關於「文新」與胡秋原的文藝論辯〉，收蘇汶編：《文藝自由論辯集》（上海：現代書局，一九三三年三月），頁七五。

❻戴望舒，〈我用殘損的手掌〉，梁仁編：《戴望舒詩全編》（浙江：浙江文藝出版社，一九八九年五月），頁一三二～一三三。

❻何其芳：〈我歌唱延安〉，《何其芳選集》，第一卷，頁二四〇～二四一。

❻有關的討論，可參考范志強，〈一段應該重寫的文學史──對梁實秋「與抗戰無關」論的再思考〉，《張家口師專學報》一九九一年三期，收《中國現代當代文學研究（複印報刊資料）》一九九二年四期（出版日期缺），頁一七二～一七七。

後五四懷疑主義與現代
中國文學的「現代性」

譚國根

　　王瑤談現代中國文學，認為不單是一個歷史分期問題，還是創作性質的問題，《在中國新文學史稿》中，王瑤提出了現實主義作為現代中國文學的標記，並認為現實主義源於中國古典文學的現實主義成分和西洋現實主義的移植（頁一六～二二），這是一個籠統的說法。根據這個說法，從一九一七年陳獨秀提出文學革命到一九四九年中國大地上的轉變，都可看作是一個連貫一致的時期，而其中亦只有繼承與發展的關係。

　　李歐梵在其書《中國現代作家的浪漫一代》（ *The Romantic Generation of Modern Chinese Writers*, 1973 ），已指出現代中國文學裏除了現實主義，還有類似西洋浪漫主義的傾向，並且第一次用「後五四」（ Post-May Fourth ）這個詞作為斷代研究（ vii ）。之後，李歐梵也寫了多篇文章談二十年代末三十年代中所出現類似的西方現代主義（ Modernism ）的創作風格。

　　很明顯，以現實主義作為現代中國文學的標記是會引起爭論的。如果接受現實主義、浪漫主義和現代主義三者作為中國現代文學的標記，這三者之間又是怎樣的一種關係呢？是否都可以同樣地把三者都看作是西洋思想和文學在中國所引起的三個流派或三種不同時期的不同風格呢（ period style ）？

　　談到現代中國文學，除了有現實主義、浪漫主義和現代主義的分歧外，還可以引出一個新問題，現代中國文學與五四運動是不可分割的，究竟什麼是五四精神？五四時代（May Fourth Era）怎樣起止？這些本來是分期的問題，但又涉及文學性質，到現在仍是未有定論的。吳茂生在《現代中國小說裏的俄羅斯英雄》（*The Russian Hero in Modern Chinese Fiction*, 1988）裏用了「五四傳統」（May Fourth tradition）的概念，並且指出五四傳統在二十年代形成，到一九三七年中日戰爭爆發，即轉為由社會主義思潮取代。換言之，所謂五四時代，是指五四運動到一九三七年這一時期的連貫性。那麼，這個分期便與李歐梵所說以二〇年代末為上限的「後五四一代」（Post-May Fourth Generation），有很大的出入。如此這般的歷史分期問題，全賴怎樣去界定現代中國文學的性質才可以找到答案。

　　在現代中國文學裏找到浪漫主義或現代主義因素都是有根據的。從西洋文學的角度看，浪漫主義不是現代性（Modernity）的標記。那麼現代主義或王瑤所稱的現實主義（或革命現實主義）又可否作為現代中國文學的標記呢？革命現實主義的正式出現，其實已是三〇年代以後的事情，應該作為當代文學（即社會主義時期文學）的醞釀期來看待，而不能作為現代文學發展的高峰。現代主義文學作為現代中國文學的一個流派，能否代表現代中國文學的精粹，這個問題在李歐梵的研究中也未能找到肯定的答案。不過，有一點值得討論的是，很多被稱為是現代主義風格的中國作家，其作品都是在國外旅居時寫成的，又或是在國內受到西洋文學的影響而產生的，而不是源於五四現實主義的發展，所以要說這種風格或流派是自然而然的在中國土地上生長出來的，並且作為現代中國文學的標記，恐怕是有困難的。

以上諸問題的提出，叫人想到現代中國文學不單牽涉到歷史分期的問題，而且還有文化意義上的問題，即怎樣才算是現代的文學，其形式與思想精粹又在什麼地方？回顧一下從五四到後五四中國文學的演變，可會得到一點啓示。

破而未立：五四前後的反傳統

五四前後介紹西洋思想最力而又後來發揮影響的要算陳獨秀、魯迅和胡適。但他們介紹西洋思想，主要是作爲手段或策略，目的仍在於破去傳統。胡適的「八不主義」是從龐德那裏借來的；此是一個破的典型例子。陳獨秀的「科學」與「民主」也只是一種手段，還未能提出怎樣才可建立一種新的文化。林毓生在〈五四新文化運動中的反傳統思想〉一文裏，也有相近的看法。破既然成了目的，立便不易建成。這是其後在二十年代介紹無政府主義和虛無主義，並且引起共鳴的一個原因。

由於魯迅和胡適在後來的影響較深遠，並且與本文的討論有較大的關係，在這裏有需要集中論述二人的反傳統思想。評論魯迅與胡適在五四前後的思想的文章很多，這裏或許只需要扼要地談談其中有關的文獻和二位新文化倡議者就某些問題所寫的文學作品。

魯迅在〈摩羅詩力說〉和〈文化偏至論〉兩篇文章（均爲一九〇八年發表）裏，介紹了西洋文化中的個人主義和反叛精神，特別以易卜生劇作《人民公敵》爲例，提出他其後所說的「橫眉冷對千夫指」精神。只可惜當時社會氣氛並未成熟，未能對魯迅二篇文章作出多少反響。之後魯迅寫《狂人日記》，全面地對中國傳統文化中各種弊端借狂人之口提出疑問（多於否定）。《阿Q正傳》就用了近乎西洋文

類癩子小說（picaresque novel）的手法正面評論和側面諷刺中國人的缺乏個性和缺乏個人主義。這兩篇小說具體地把缺乏個人主義的思想形像化了，深入人心，叫人不能不對中國國民性（或傳統文化中的某些弊端）作出反省。

到胡適在《新青年》發表〈易卜生主義〉（一九一八），社會氣氛已有所改變，魯迅的小說起了很大作用。胡適雖然膚淺（劉述先教授語），卻善觀時局，能在重要時刻，以簡單的語言，把複雜的思想介紹給一般讀者。〈易卜生主義〉一文，像魯迅的〈摩羅詩力說〉和〈文化偏至論〉一樣，要介紹的是個人主義和個性（individuality）。但胡適的聰明在於能以一個嘩衆之名詞「易卜生主義」概括其所倡議。「易卜生主義」一詞亦非胡適所創，而是從蕭伯納（G. Bernard Shaw）的書《易卜生主義精粹》所借來。胡適此一文章亦是蕭伯納的書的撮要。胡適以爲中國傳統觀念中的「家庭」、「宗法」、「宗教」、和「道德」爲四種腐敗之制度，遏制個人之發展。〈易卜生主義〉一文中有不少地方是以中國人之觀念解釋易卜生主義，同時亦以此西洋新思想去抗衡中國傳統文化。不少評論家指出胡適與蕭伯納同樣地曲解了易卜生的思想。〈易卜生主義〉也可說是「胡適版本的易卜生主義」。

透過《新青年》的影響力和「易卜生專號」的震盪，個人主義因而成爲時麾。胡適其後所寫劇本〈終身大事〉就是個人主義主題的發揮。陳獨秀在一九一八年提出「德先生」和「賽先生」之科學民主精神，在胡適的劇本裏得到了體現。田先生與田太太二位人物是傳統四種腐敗制度的化身，劇中反迷信和反家庭專制，即是所提倡之科學民主精神之發揚。而田小姐最後離家出走不但是娜拉主義的再現，也是代表新一代與上一代所持之傳統信念的決裂。〈終身大事〉在文學手

法上來說是簡單情節的問題劇，沒有什麼高明的地方，但其歷史文化意義則在於其能開風氣之先，以大聲疾呼之形式把五四精神搬上舞臺。洪深編《中國新文學大系戲劇集》亦以〈終身大事〉為首篇新文學劇本，可見其歷史意義。

從文學角度來說，胡適的〈終身大事〉並不值得一看，但其影響力卻不能抹殺。二〇年代出現的一大批社會問題劇都是以〈終身大事〉的簡單對立手法寫成，主角最後在結局時總是一走了之。這個一走了之，也可代表五四初期新文化提倡者的態度：脫離傳統。

自我的個性解放：郭沫若的劇作

郭沫若在二〇年代所寫的劇本，如〈女神之再生〉，〈孤竹君之二子〉和三部曲〈三個叛逆的女性〉，都是企圖從歷史上表達「脫離傳統」的主題。一般評論家都把郭沫若這時期的劇本稱之為「歷史劇」，但其實應稱作「歷史問題劇」。這些劇本都不寫歷史，也不忠於歷史，而是借歷史為背景，把早已深入人心，並有文化根源意義的歷史事件，重新以現代人的觀點去評價，並借古人之口說現代人的話。在脫離傳統和重寫傳統的大前提下，郭沫若筆下的主角往往在終局時只走兩條路：一是自殺，如聶嫈，另一是出走，如卓文君。以自殺或出走，來完成自我。

郭沫若處理離家出走主題，比之胡適，更進一步。郭沫若筆下的女性，還要尋求性別的解放。從當代西洋女性主義角度看，郭沫若要求女性都化為男性以求解放，可說是假女性主義。但在二〇年代中國社會，郭沫若之所以從歷史傳說中找出幾個典型的離經叛道女子加以歌頌，目的仍是反傳統。

　　郭沫若劇作還有一個特點，亦即主角個人之突出，其早期劇作〈黎明〉，〈棠棣之花〉，〈湘累〉和〈女神之再生〉都借用西洋浪漫主義，尤其歌德之《浮士德》所表現之個人和個性解放思想。這種個性解放思想，搬到二○年代中國社會裏，就成了革命思想，在當時很是轟動。從思想史角度來看，郭沫若作品所表現的思想主題，可說是從反傳統中道德文化的革命到浪漫思潮興起的一個轉捩點。

　　在反傳統與個性解放的思潮鬧得熱哄哄的事候，魯迅在一九二三年於北京女師學院發表演說〈娜拉走後怎麼辦？〉。此文指出離家出走並不是實際可行的解決辦法，把作為反傳統而離家出走的社會行動冷卻下來。這也是為什麼作家會從一種激進的思想和革命的傾向轉化為二○年代末所出現的浪漫內省主題。魯迅小說《傷逝》可看作這個思想轉化過程的文學表現。《傷逝》還充滿了懺悔的情緒。子君和娟娟的理想破滅（disillusionment），可說是作家對從反傳統而化為社會改革行動的失望回應。

自我的重新定位：田漢與郁達夫的作品

　　田漢作品在二○年代初發表時，已是別樹一幟，充滿傷感和孤獨的浪漫情懷。董保中在美國期刊《現代戲劇》（*Modern Drama*）（一九六七）曾發表文章，指出田漢的傷感是有作者自傳成分的。不過，田漢劇作能如此耐讀和在當時甚為流行，自有其超出個人自傳，達到社會共鳴的感人之處。〈獲虎之夜〉和〈咖啡店之一夜〉都以失戀為主題，寫孤獨感和抗爭（對家庭、對社會）的失敗。〈咖啡店之一夜〉（一九二○，一九三二）並且以文化道德轉變為背景，就三個年輕人的不同際遇，寫出三個自我探求者的三種人生選擇。白秋英是

與傳統決裂而離家的，李乾卿則屈從家庭壓力，不敢爭取完成自我，林澤奇卻代表一種道德上的兩難處境和不可知境地（uncertainty）。三者之中，卻又以林澤奇的角色最耐人尋味。他是一個經歷了五四運動，有了新文化啓悟的年青人，但反而感到前程茫茫。

由胡適、魯迅、郭沫若到田漢，讀者可以看到作家的重點由人物與社會之關係的外在描寫，進而轉到把焦點集中在人物的內心世界和其所呈現的重重矛盾。西洋文學從浪漫主義到現代主義的過渡，其中一個特徵是由社會作焦點轉而以個人作焦點，探討個人的內心衝突。另一個特徵是對實證主義（Positivism）的反動，而帶來懷疑主義（Skepticism）和信念危機；在文學表現手法上出現了多角度多觀點的敘事手法。田漢的〈咖啡店之一夜〉就是在戲劇上運用多觀點的處理，並且引入了「討論場境」（discussion scene）的技巧，以增加不可知（uncertainty）而帶來的徬徨（hesitation）。

田漢另一劇作〈南歸〉以失戀爲背景，寫村女春兒與北方浪人的內心糾纏。浪漫情懷的流浪、孤獨、失戀，烏托邦理想世界的渴望，充滿了劇作中的每一句對白，與早期的五四文學比較，可以看出傳統不再是反對的對象，而怎樣尋找自我，怎樣解放自我和完成自我，才是作家最關心旳主題。

在這方面，郁達夫小說以私小說的自白形式，從愛心、愛情、懺悔、自責等多方面寫自我的不能完成和所陷的困境。短篇小說如〈馬纓花〉和〈春風沈醉的晚上〉，長篇如〈沈淪〉寫自我在人生問題上所碰到的苦惱與困惑。李歐梵的研究已詳盡地談到郁達夫小說中的自我探求，在此不贅。

命運的疑惑：曹禺與張愛玲的作品

早在一九一八年魯迅的短篇〈祝福〉已對鬼神與個人命運之說提出一種不可知的觀點。敘事者「我」對祥林嫂的問題猶疑迴避，只從村民的信仰及其所產生的社會意義著手，道出祥林嫂的遭遇。一九二○年胡適寫〈終身大事〉卻直截了當的把命運之說視爲迷信，並主張年輕一代離家出走，自已掌握自己的命運。自此以後的整整十年，中國現代文學裏很難找到有作家在其作品中提出命運之說。

一九三四年〈雷雨〉在《文學季刊》發表，轟動文壇。除了戲劇手法的創新因而造出一種疏離現實的忽幻感外，該劇還打破了五四以來以思想對立作爲人物塑造的主線的戲劇結構。〈雷雨〉所受西方影響，在這裏暫且不談。〈雷雨〉所要表達的，究竟是什麼？陳思和認爲〈雷雨〉所寫的是反封建家庭罪惡（頁九）。這是承繼了王瑤的權威論斷。錢理群等所著《中國現代文學三十年》也是以反封建的觀點論〈雷雨〉（頁三九六～三九七）。

表面看來，〈雷雨〉有不少地方是與二○年代興起的問題劇相似的。但細看之下，讀者或會問，那個角色是主角？周樸園？還是周萍？該劇要提出的問題是什麼？要解答這些問題，不少讀者或評論家都會如同王瑤或其他文學史家一樣，說是「反封建家庭」。這樣，主角當然是周樸園。不過看看序幕和尾聲中小孩子的問答，再看看終局時新的一代都以離家失踪或受電殛死亡，這就是對五四以來所提倡離家出走作爲對傳統的抗議和自以爲是爭取到了自由和勝利的一種疑問，甚或否定。

曹禺在〈雷雨〉序說：「我不能斷定〈雷雨〉的推動是由於神

鬼，起於命運或源於哪種顯明的力量。情感上〈雷雨〉所象徵的對我是一種神秘的吸引力，一種抓牢我心靈的魔。〈雷雨〉所顯示的，並不是因果，並不是報應，而是我所覺得的天地間的『殘忍』，（這種自然的『冷酷』，四鳳與周冲的遭際最足以代表，他們的死亡，自己並無過咎。）如若讀者肯細心體會這番心意，這篇雖然有時為幾段較緊張的場面或一兩個性格吸引了注意，但連綿不斷地若有若無地閃示這一點隱秘——這種種宇宙裏鬥爭的『殘忍』和『冷酷』。在這鬥爭的背後或有一個主宰來使用它的管轄，這主宰，希伯來的先知們贊它為『上帝』，希臘的戲劇家們稱它為『命運』，近代的人撤棄了這些迷離恍惚的觀念，直截了當地叫它為『自然法則』。而我始終不能給他以適當的命名，也沒有能力來形容它的真實相。因為它太大，太複雜」（頁二一一～二一二）。

劉紹銘在《曹禺研究》（ *Ts'ao Yu: A Reluctant Disciple of Chekhov and O'Neill* ）裏指出〈雷雨〉有佳構劇（well-made Play）的影子。但從〈雷雨〉序的解釋看，劇中一切巧合的事情，就只是為了佐證「宇宙殘酷」的非理性和不可知之的神秘性。用這種神秘性，再加上宗教的暗示（在序幕和尾聲），曹禺把〈雷雨〉劇情的意義，從故事的主體伸展到其所提出的宇宙觀。在戲劇手法上，西洋現代戲劇也沒有用過這種技巧，而只有中國古典小說才用過。《紅樓夢》的石頭故事，《鏡花緣》的西王母和百花仙子故事，都是在人間故事之上，加上一個序幕故事作為框架（framework），把人間情節伸張為宇宙意義。在手法上和主題上，〈雷雨〉都是古典中國文學的更新應用，但卻標誌著中國現代戲劇的成熟，而為曹禺帶來好評。這就叫人再三深思，究竟中國文學之現代化是否就如科技或社會改革一樣的要揚棄傳統呢？

〈雷雨〉的文學史和思想史意義，還在於它在寫大家庭中的虛僞之餘，又一反五四以來的傳統，卻又引人入勝。其人物塑造，也是違背五四傳統的。劇中並沒有英雄人物，也沒有代表新思想和新文化的人物或事件，而且人物都是充滿內心衝突不能自己的猶豫（indecision）。也可以說，〈雷雨〉是魯迅的「彷徨」精神的延續。〈日出〉所引老子《道德經》和《聖經‧福音》等段落，也如〈雷雨〉一樣的，使其主題意義曖昧而增強歧義，擴申其中哲理：

> 天之道其猶張弓與！高者抑之，下者舉之；有餘者損之，不足者補之。天之道損有餘而補不足；人之道則不然，損不足以奉有餘。
>
> ──老子《道德經》第七十七章

> 上帝任憑他們存邪僻之心，行那些不合理的事，裝滿了各樣不義、邪惡、貪婪、惡毒、滿心是嫉妒、兇殺、爭競、詭詐、毒恨。……行這樣事的人是當死的。然而他們不但自己去行，還喜歡別人去行。
>
> ──《新約‧羅馬書》第二章

> 我又看見一片新天地，因爲先前的天地已經過去了！
>
> ──〈啓示錄〉第二十一章

上引諸例足以說明被看作是社會批判劇的〈日出〉，其實有著更深奧的文化探討主題。

文學史上不是如上述的理解〈雷雨〉和〈日出〉。〈雷雨〉序

中所提不可知之神秘，亦沒有評論嘗試作出解釋。最簡單的文學史寫法是以派別分作家，然後概括特徵，不談個別作家的獨特之處，甚或為了自圓其說而不包括某些作家。張愛玲便是一例。曹禺作品可以從表面情節理解作反封建家庭的罪惡，因而亦可收入中國大陸出版的文學史。張愛玲則太明顯的違離革命文學的傳統了。

　　張愛玲小說主題多姿多采，但大多數都圍繞傳統觀念對於現代人的意義。對本文論題有特別意義的是長篇小說《半生緣》。比起張愛玲的短篇小說，《半生緣》的評論並不算多。水晶評論《半生緣》認為小說的自然主義色彩濃厚，人物都由環境擺佈。

　　《半生緣》以一個很奇特的故事說出「緣」與「份」的神秘性。小說一開始即以人與人之認識和相交完全是緣的問題。叔惠與曼楨認識在先，但兩人卻缺了點緣，沒有發展出感情。到世鈞與曼楨的相交，緣又只限於半生。在小說裏，張愛玲並不嘗試解釋什麼是緣，但卻集中描寫緣在人生中的神秘奧妙，和寫主角怎樣從緣去領悟人生之真諦。曼楨在受盡委屈之後，還要覆述自己受辱的經過和感受。對歷劫的她來說，什麼都不值得堅持了，一切順應「緣」或「命運」；「當初她相信世鈞是確實愛她的，他那種愛也應當是能夠持久的，然而結果並不是。所以她現在對世界上任何事物都沒有確切的信念，覺得無一不是渺茫的。倒是她的孩子是唯一的真實的東西。」（頁三三六）一種面對命運而感到無奈的氣氛，充滿了整部小說。

　　《半生緣》與〈傾城之戀〉有很多不同的地方。但戀愛、婚姻卻不是一個浪漫的事情，這是兩個小說所共通的。《傾城之戀》不講緣分，卻涉及命運，偶然之事物往往決定人生的去向。男女主角終於結合是因為二人都困於淪陷了的香港，但在別人看來卻又似乎

是浪漫得可以媲美傾國傾城之戀情。張愛玲小說還有很多地方值得
詳論，不過與五四以來文壇思潮之關係，在上述二部作品中已可見
一斑。一般文學史家以爲張愛玲小說與五四以來思潮絕不能拉上任
何關係。這還是要再商榷的。

後五四懷疑主義

　　李歐梵在《中國現代作家的浪漫一代》裏論及五四以來不同思潮
和不同文藝觀，提出一種觀點，即認爲這些思潮和文藝觀之不同，是
反映了西方（和日本）的不同思潮。文藝團體和流派的產生，除了是
作家性格不同之外，更多是因爲他們有些是在英美受訓（如徐志
摩），有些在日本受教育（如郭沫若），因而產能了文學研究會與創
造社和新月社三者的對立。

　　爲什麼這三派的對立不在五四時期顯現出來，而要到了五四過後
呢？五四時期或之前已有留美與留日的學者，胡適、魯迅、周作人等
爲何有很多觀點是相同的呢？二〇年代末出現的個人主義，探求自
我，繼而是對人生之疑惑，是否也有其內在之承傳關係呢（con-
tinuity）？周策縱的巨著《五四運動史》（ *The May Fourth Move-
ment: Intellectual Revolution in China* ）也只是概括性的提出下列
看法：

　　　　隨著時代的進展，意識型態分歧得到更深入的探討。受過
　　　現代思想訓練的人，會發現傳統思想與西方思想移植的問題，
　　　並非如先前想像般簡單。他們往往被迫選擇不同甚或富爭論的
　　　立場。在理論層面的辯論中，對新思想的反對在後期顯得越來

越強。反傳統的思想和批評精神仍是大多數新知識分子中流行的主流思想，但他們的腦筋已爲更新更富爭論性的問題所困擾。

As time went on, the ideological issues were examined in more detail. Those who were trained in modern thought found the problems of the intellectual tradition and transplantation of Western ideas more complicated than at first imagined, and in many cases they were driven to take divergent and controversial stands. In theoretical debate, opposition to the new thought grew stronger in the latter period. The main currents of iconoclasm and the critical spirit still prevailed among most of the new intellectuals, but their minds were occupied by more controversial issues than those conceived previously (314).

後五四的疑惑態度，應該可看作是作家思想成熟文化轉向（cultural change），和現代性（Modernity）的出現的標記。魯迅二〇年代後期寫的小說收入《徬徨》裏，也有這個疑惑的態度。《野草》的虛無主義，更確切的說，是一種疑惑（uncertainty），而非俄國式的虛無主義（Nihilism）。在《野草》〈影的告別〉裏，魯迅說：

　　有我所不樂意的在天堂裏，我不願去；有我所不樂意的在地獄裏，我不願去；有我所不樂意的在你們將來的黃金世界裏，我不願去。

　　然而你就是我所不樂意的。

　　朋友，我不想跟隨你了，我不願意。我不願意。

　　嗚呼嗚呼，我不願意，我不如徬徨於無地。（頁三六）

　　把中國現代思想史只看成是革命思想的單一傳統，把茅盾、曹禺、巴金等都讀作是革命文學，只強調其中的現實主義，而不談魯迅所說的「黑暗」，那是把歷史簡單化了。周蕾（Rey Chow）在她的《婦女與中國現代性》（*Woman and Chinese Modernity*）裏，認為中國現代文學即五四文學，其傳統是一貫的，而所謂現代性（Modernity）即新文化。這個論點可能也忽略了對五四之後作家中的疑惑思想的討論。

　　西方文學從十九世紀到二十世紀的發展，把文學由社會導向（social-oriented）轉為個人導向（individual-oriented），因而探討內心，顯出無意識活動。在現代中國文學，亦可看到一個相類似的發展過程，即是由社會批判，道德探討，轉為個人內心世界的展現，再進而探索人生與宇宙諸種神秘關係。這個演化的過程中可看到李歐梵所稱「浪漫一代」的作用。

　　更值得討論的是，在三〇年代的成熟期，中國現代作家居然又回到傳統價值中找尋現代的意義。這是否標誌著五四的「破」到後來仍是不成功呢？或許可以把〈祝福〉讀作一種比喻。敘事者是一個受過新文化薰陶的青年，面對一個沒有受過教育的祥林嫂，竟然無法回答傳統信仰中的鬼神來生觀念，並且連自己也動搖起來。這是無從辯論，也無從破的一個困境。

　　古登斯（Anthony Giddens）在《現代性與自我認同》（*Modernity and Self-Identity*）一書中對「現代性」有如下的看法：

現代性是一種後傳統秩序，但並不以理性知識的確定信念代替傳統和習慣的確定信念。現代批判理性的懷疑滲透於日常生活和哲學思維之中，而形成當代社會的一個普遍存在層面。現代性把批判懷疑的精神制度化，並強調所有知識都只是假設而已。

Modernity is a post-traditional order, but not one in which the sureties of tradition and habit have been replaced by the certitude of rational knowledge. Doubt, a pervasive feature of modern critical reason, permeates into everyday life as well as philosophical consciousness, and forms a general existential dimension of the contemporary social world. Modernity institutionalizes the principle of radical doubt and insists that all knowledge takes the form of hypothesis. (2-3)

如果我們跟從這種說法，是否也可以把現代中國文學中的懷疑精神，看作是從舊到新的文化轉向，使傳統中儒家理念的「自我—家庭—社會」定位，轉化爲一個沒有定位的自我文化雛型。現代中國文學或文化的現代性意義，大抵也在於此。

參考書目

中文部分

王瑤，《中國新文學史稿》（增訂本）。香港：波文書局，一九七二。

李何林，《魯迅〈野草〉注解》。西安；陝西人民出版社，一九七五。

曹禺，〈雷雨〉，收於《曹禺文集》，第一卷。北京：中國戲劇出版社，一九八八。

曹禺，〈日出〉，同上。

張愛玲，《半生緣》。臺北：皇冠，一九七八。

錢理群、吳福輝、溫儒敏、王超冰，《中國現代文學三十年》。上海：上海文藝出版社，一九八七。

英文部分

Chow, Tse-tsung. *The May Fourth Movement*. Stanford: Stanford University Press, 1960.

Giddens, Anthony. *Modernity and Self-Identity*. Cambridge: Polity Press, 1991.

Lau, Joseph S. M. *Ts'ao Yu*. Hong Kong: Hong Kong University Press, 1970.

Lee, Leo Ou-fan. *The Romantic Generation of Modern Chinese Writers*. Cambridge, Mass.: Harvard University Press, 1973.

III.教育

現代社會中價值教育
爲什麼會式微?

石元康

一

　　哈柏瑪斯（Jurgen Habermas）在〈民主體制中的大學——大學的民主化〉一文中一開始引了一九六七年一月十一日《法蘭克福總匯報》（*Frankfurter Allgemeine Zeitung*）上的一則消息❶，這則消息說，班—古里昂（Ben-Gurion）打算在內格弗（Negev）的史迪柏克（Sde Boker）附近建立一所大學。這是以色列境內的一個大沙漠。這所大學計畫招收一萬名學生，以及相應數目的教師。建立這所大學的目的是要使以色列青年能夠獲得自然科學技術方面的必要知識，以發展這個沙漠使它將來成爲一個工業區。這個學校所具有的特點是，它將著重於發展那種需要很多科學知識但卻用很少原料的工業。哈柏瑪斯接著指出，如果只從這則消息來看的話，大學教育的主要目的是爲了給工業的發展提供必要的技術知識。當然，要發展工業，除了自然科學及技術的知識之外，還需要有相關的知識，例如，工商管理。但後者本身也可以包括在廣義的科技知識的範圍裏。哈柏瑪斯這篇文章想要論證的是，大學教育的內容不應該只限於上述的範圍，而應該包括其他三個項目。這三個項目是：學生應具備從事某項

事業所應具備的專業知識以外必須要的品質及態度。例如，一個醫學院的學生應該具備一個作爲醫生所應具備的專業知識以外，而卻又是醫生該具有的品質與態度。第二，大學應該是一個培養該社會的文化傳統的傳播及發展的地方。科學及技術當然是文化的一部分，但除了他們之外文化還包括其他的東西，像文學、藝術、哲學、宗教等。大學應該是研究及發展這些文化傳承的地方。第三，大學應該是一個民主社會的成員建構及發展政治意識的場所。民主社會的最大特色是人人應參與大衆的事，但要能夠做到這點，全民必須有相當的訓練，而大學應該是訓練民主精神最好的地方。

我這篇文章的目的並不是要提出大學教育的理想應該是怎麼樣的，而是想提出一個問題，並嘗試對它提出答案。我想提出的問題是法蘭克福報上那則消息所引起的——爲什麼目前的大學教育的主要目的會變爲傳授自然科學及技術的知識，而哈柏瑪斯所提的另外三個目的在大學教育中都變爲只具有邊緣性的存在？

二

要回答這個問題，我們必須先對自然科學及技術性的知識以及這種知識以外的其他學問作一個釐清的工作，提出兩者分別具有些什麼特性，並且指出他們不同的地方。這個釐清工作完成之後，我們才能回答上述的問題。

我將把傳授及發展自然科學及技術的教育稱之爲技術教育，而把另一種教育與它作對照。後者我將把它稱之爲價值教育。大家對於技術教育這個概念較爲熟悉，因爲現代世界中教育的特色就是技術教育的一枝獨秀。這種教育的主要內容是自然科學及技術，以及可以或人

們認為可以被科學化的一些學問。在目前大學教育中，本來屬於人文世界的東西，也被用自然科學的方法來加以處理，因而也把他們視為是科學的一部分。最明顯的例子是社會科學的各種科目的自然科學化。對這些科目，我們用自然科學的方法來處理其中的問題。這樣的結果是，這些科目也變成了科學的一部分，因此，在大學的課程中也能夠佔有一席之地。但是，究竟用自然科學的方法來處理有關人的世界的問題是否有效這點，除了少數人之外，大家就不再對它提出質疑。

哈柏瑪斯在《知識與人類的旨趣》一書的附錄中將知識分為三類。而這三類知識分別與一種人類的旨趣相關連。這三種知識分別是：1.經驗——分析的科學（empirical-analytic sciences）；2.歷史——解釋的科學（historical-hermeneutic sciences）；以及3.批判的科學（critical science）❷。與這種知識相關連的是人類的三種旨趣，這三種旨趣在某種意義上引導著它們相應的探究活動的進行。與經驗——分析知識相關連的是一種技術性的認知旨趣（technical cognitive interest）。由於經驗及科技性的知識是對它的探究對象找尋出一些普遍的定律，以及對於它們作出預測，因此，從這兩個目的我們可以指出，這種知識能給人類提供一種對於它的研究對象的控制。由於研究自然科學很重要的一個目的是要能夠對未來作出預測，而很明顯的，研究技術的目的是在能夠運用技術知識以對那些對象作控制，因此，後者必須依賴前者，而前者能夠提供後者支持。研究自然科學當然並不一定是為了控制。但是，人們之所以要對未來作預測，以及透過對普遍定律的掌握以從事這項工作，都與技術的控制有著密切的關連。

歷史——解釋的科學的主要目的則是為了要達到對於人類各種活

動的意義的掌握，以達到溝通。在這裏，探究的目的不是爲了獲得普遍的律則，而是對意義的掌握，以達成溝通。當這種意義的溝通被阻滯時，社會的存在以及傳統的繼承就受到了威脅，也就是說，人作爲一個歷史的及社會的存在，在這種情況下無法再繼承文化的傳統，以及與他人有溝通行爲。因此，作爲人從事實踐的可能性也受到了威脅。由於歷史──解釋科學是當人作爲一個實踐的存有時所必須具備的知識，因此，與這種知識相關連的興趣就是一種實踐的旨趣（practical interest）。

與批判的科學相關連的旨趣則是解放的旨趣（emancipatory interest）。人在不知不覺中繼承了自己的傳統，並且從自己所處的社會中學到了許多東西。這些東西一方面固然使得人可以用它來應付經驗的需要，但是，如果我們對它沒有認識的話，它們也就反轉過來成爲控制我們的枷鎖。追求自由是人類最高的願望之一。批判的知識就是人類通過對自我的反省，不斷地把控制自己的一些枷鎖擺脫的活動。因此，這種知識受著一種解放的旨趣在引導著。

我前面所說的科技教育的內容就是對於第一種的知識的探索，而價值教育則是第二種及第三種知識的探究。

由於人是歷史的存在，他身上繼承著文化的傳承，也由於這個關係，他不用像原始人那樣事事都得從頭開始。人也是社會化的結果，在不同的社會中長大的人會有該社會的烙印。由於歷史性及社會性這兩個特點，使得人從一個自然的存在變爲一個文化的存在。傳統及社會是構成自我不可或缺的要素。當人要對自我進行了解時，我們就必須對構成自我的傳統及社會進行研究。人一方面是活在傳統及社會中的存在，但是如果這個傳統及社會對他的存在構成妨礙時，這就對他自我實現的興趣構成了威脅。因此，這時候他也就會盡力擺脫傳統加

在他身上的束縛。這就是人類不斷想要超越自己的文化的要求。

　　價值教育包括上述這兩種探究，一方面是了解自己，另一方面是克服那些妨礙自我解放的因素，它最重要的內容，用亞里士多德的話來說，就是如何能過一個美好的人生。用日常語彙來說，就是如何去建立一個有系統的人生觀。

三

　　在傳統的社會中，無論是中國或西方，經濟活動都被視爲是一種附屬性的活動，它是達到人生的目的所必須從事的工作。人生的目的在西方主要是在宗教上得到靈魂的解脫，在中國則是成就品格上的修養。在現代社會中，這種情況幾乎完全被逆轉過來。經濟活動由手段變成了目的。牟利本身就成了人生最終的目的。當然，照韋伯的講法，清教徒在初期革命時，仍是把勤奮地工作視爲是一種有可能得到上帝的恩寵的徵象。但是資本主義的不斷發展，使得這個目的本身也被遺忘了。從事經濟活動的唯一目的就是牟利。

　　社會的這種價值觀當然會反應到大學教育的形式及內容上去。由於人們主要的活動是經濟活動，大學教育的主要著重點當然也就會集中在與經濟活動有直接或間接關係的科目上。前節中我所提到的經驗——分析的學科主要就是與生產有直接或間接關係的知識。現在大學中，毫無疑問地，這種學科是佔絕對主導的地位。歐克夏（Michael Oakeshott）指出「但是，可能理性主義對於教育最嚴重的攻擊是針對大學的，現在對於技術人員的需求是如此之大，現存的訓練他們的機構已變得不足，大學正在被徵召來滿足這個需求❸。」

　　大學教育的技術化是大家都能夠清楚看到的事情。自然科學、工

程、管理等學科當然是屬於經驗──分析知識的領域，由於它們與技術的旨趣（technical interest）的關連，以及它們可以用來控制及預測，因此，很自然地就變成了生產力的一部分。高度資本主義的特色之一就是知識本身變成了生產力的一部分。社會科學及文化科學本來是屬於歷史──解釋知識的領域。但社會科學中也有一部分問題是可以用自然科學的方法來處理的，因而也被冠以科學之名。這樣社會科學也變成了一種科學性的知識。讓我們舉一例子來說明這點。社會學家去探究酗酒與收入的關係時，也像自然科學家那樣去找尋一些律則，雖然不能是普遍的律則，而是統計性的律則，但它終究仍是律則。對於這些律則的掌握，使社會學家對某些社會現象可以作某種程度的預測，甚至於某些控制。這樣社會學也好像變成與自然科學具有相同的性質了。

人文科學是最難與經濟扯上關係的，但是現在有許多哲學家也在教授各種各樣的應用哲學，例如商業倫理學。甚至有人把哲學與管理科學扯上關係，這些都是大學教育技術化的現象。那些與經濟活動完全扯不上關係，但仍存在在大學課程中的課目，事實上變成為一些殘存的東西，他們只具有邊緣性的存在。

有些人可能會指出，現在許多大學都在實行通識教育，這是否能證明大學教育並沒有像我所說的那樣變為技術教育。我認為通識教育的存在並不能代表目前的大學教育不只是一種技術教育，而也包括著價值教育。上面我對價值教育的定義是，它的目的一方面是自我了解，另一方面是克服那些妨礙自我解放的因素。要達到這點，最重要的是探尋怎麼樣才是一個美好的人生，或是建立起一套有系統的人生觀。通識教育的內容大部分只是不同學院的學生交換修習彼此的一些入門性的導論課程，再加上一些教授人們如何思考及表達的課程。這

與價值教育幾乎是沒有任何關係的。這些課程還是以經驗——分析的知識為主。另外兩個領域的知識只是聊備一格而已。

　　關於技術教育在大學中佔絕對籠罩地位的這個現象，我們可以從另外一個方面來描繪它。在價值教育佔主導地位的體制下，人們受教育的目的是為了學習怎樣做一個人。在這種教育下，人們受教育想著追求的知識主要是歷史——解釋的文化科學的知識以及批判的知識。中國傳統的教育就是一個典型的價值教育。在那個體制下，接受教育者主要的動機及目的是希望能學到怎麼樣做一個人，怎麼樣培養自己的品格，以及怎麼樣建立起一個人生觀，從而能夠有一個美好的人生。但是在現代社會中的大學教育體制下，接受教育者的動機及目的最主要是學一套謀生的技能。這是與經濟活動有關的，而與怎麼樣建立一個有系統的人生觀完全不同的教育。如果問一個大學生他為什麼要唸大學，我們很難想像他的答案會是「追求人生的道理」。他最多只會說，為了追求知識，但是如果你再問他你所追求的知識是作什麼用的時，他只能告訴你是為了將來謀生用的了。這是典型的技術教育。但是，我所要探討的問題是：為什麼技術教育會在現代社會中佔了這樣主導及壟斷的地位？為什麼價值教育幾乎完全從大學中被排除出去？我想從兩個觀點來對這些問題提出答案。第一個是現代人由於具有了一種特別的知識觀，因而價值體系及觀念被視為不是知識，所以也就不應該被編排入課程中。第二是由於現代人對於價值的基礎有一種特別的看法，這個看法就是主觀主義。由於知識應該具備客觀性，因此，學校教育中也就不應該把價值的教育編排進課程中。

四

所有人類的活動都必須應用到知識，這是一個不需爭辯的事實。大到發射人造衛星，製造航空母艦，小到煮一頓飯或燒一壺水，知識都是進行這些活動時不可或缺的要素。不僅是從事這些實用性的活動，我們才需要用到知識，即使是從事精神性的活動，例如，宗教崇拜或繪畫，知識也是不可少的東西。從事宗教崇拜時，我們必須對該教的教義及儀式有所認識，從事繪畫時我們也要知道顏料的性質等等。但是，是否人類從事活動時，所有他所運用到的知識都具有相同的性質呢？例如數學知識與經驗知識就是不同種類的知識。前者中的命題之所以爲眞的根據與後者中的命題之所以爲眞的根據是不同的。因此，我們說數學不是一種經驗科學。歐克夏在我上面所引的那篇文章中，將知識分爲兩種，他把第一種知識稱爲技術性的知識（technical knowledge），而第二種知識他則稱之爲實踐性的知識（practical knowledge）❹。他在該文中指出，現代人特有的知識觀是只把前一種知識視爲知識，而不把後一種知識視爲知識。他把這個論旨稱之爲「技術至上論」（sovereignty of technique）❺。我認爲這就是爲什麼在現代社會裏，價值教育會被排斥在大學教育之外的原因之一。

我將借用歐克夏的這個區分來說明我的這個論點。歐克夏指出，任何人類的活動，都必然地會應用到知識，而任何應用知識的活動，都必然同時會應用到技術性的知識及實踐性的知識。這兩者雖然在概念上是有區別的，但是在實際的人類活動中，它們卻不能分開。

技術性知識的最大特點就是它是可以被公式化的。例如，烹飪的

知識，可以被公式化成一些規則，說明第一步做什麼，第二步做什麼；開刀的知識，同樣也可以被公式化成一些明確的步驟。第二個特點是它是可以被教授，以及可以被學習的。學生學醫學書上或烹飪書上的知識，所學的就是這種技術性的知識。這種知識的第三個特點是它具有確定性。科學知識最大的特點之一就是它具有極高度的確定性。由於科學知識是在掌握普遍的律則，因此，它可以用這些律則對過去做說明，以及對未來做預測。由於這些律則是有普遍性的，因此，他們也就給這種知識帶來了高度的確定性。

歐克夏這個對於技術性知識的說明有一些混淆的地方。他的定義似乎包含著對於方法學的部分，以及由方法學所引致的知識本身的描述。第一條有關可以被公式化這點，當將它應用到在科學領域中去的時候，比較恰當的說法是，我們所談的是科學的方法，而不是科學知識本身。他自己談到在科學活動中，我們必須要應用到技術性的知識這點時，所提到的觀察與檢證的規則也都是科學的方法而非科學知識本身。科學知識本身是透過科學方法所獲得的成果，例如牛頓的三大定律。雖然科學知識也是可以被書之於文字的，但它究竟與科學方法有所不同。有關被教授及被學習以及確定性這兩點，一方面我們可以視它們是有關方法論的命題，另一方面它們也可以被視為是由科學方法所獲得的知識所具有的特性。科學知識當然是可以被學習的，同時它們也具有確定性。

由於歐克夏對於方法論與知識本身的混淆，可能會引起一些誤會。我所以在這裏做了一些釐清。這個釐清工作可以使我們對技術性的知識有著較為清晰的了解。技術性的知識是那些透過可以被公式化的規則所獲得的具有確定性的知識。

實踐性的知識與技術性的知識則正好相反。我們無法將它公式化

爲成文的規則，它們也無法被教授及學習，而它們也不具有技術性知識那種確定性。一個醫生，熟讀了醫學書籍上的知識之後，並不表示他就是一個好醫生，在他診斷病人的病症及決定用什麼藥治療病人時，都還需要他的臨床經驗才能使得他能夠成功，而這種臨床經驗卻不是醫學教科書上能夠給他的知識。這種知識只有靠從實踐中才能獲得。如果不是這樣的話，那麼兩個讀了一樣多書的醫生，豈不是一定是一樣好的醫生了？其次，這種實踐性的知識，在每一種知識活動中都是不可或缺的，科學家從事科學研究時，經驗也會告訴他哪一個研究領域可能會有東西可做，朝哪一個方向做下去會有可能成功等。我們也不會認爲一個好的廚師只是熟讀烹飪書就足夠了。除了書本以外，要成爲一個好的科學家，醫生及廚師所需要具備的知識都是只能從實踐中才能得到，因而也就不能被公式化爲寫在書本上的規則。再者，實踐性的知識既然無法被公式化，那麼我們也無法將它寫在書本上。所以歐克夏認爲這種知識無法被教授及學習，而只能被傳予及獲得（imparted & acquired）。而傳予及獲得的方法只有靠師徒制的那種傳授方式，徒弟不斷地觀察師傅從事實踐，而從其中領悟到奧妙之所在❻。最後，這種知識當然沒有像技術性的知識那種確定性。技術性的知識可以被公式化爲規則，它的最大的特點就是有確定性，而實踐性的知識，完全在人們運用時的一種領悟，它既無法被公式化，因而也就不能有確定性。每個人的經驗及體悟不同，對它的了解及掌握都會有差別。

這兩種知識在概念上雖然是不同的東西，但是，在人類從事活動時，兩者都是不可少的。現代人的知識觀就是只把技術性的知識視爲知識而不承認有實踐性的知識這種東西。現代人之所以會有這樣的知識觀，主要的原因是由於他們對於確定性（certainty）的追求。雖

然古代人也追求確定性，但是他們了解到並非世界上的一切東西都可以對它要求不可懷疑的確定性。世界上有些事情就是由偶然的因素所造成的。亞里士多德對這點所表現的態度最能代表古代人這方面的看法。他指出，像政治這種人類的活動，許多方面受決於偶然的因素，因此，我們無法要求在這個領域中能夠有確定的知識，我們在這裏所要運用的是智慧。他更指出，一個人應該對不同性質的學科所能達到的確定性做不同的要求。有些可以達到高確定性的學科，我們就對它要求高確定性；有些只能具有低確定性的學科，我們就不應該對它要求高的確定性。他並指出，一個人是否能做到這點，是他是否有識見及教育的一個標誌。

　　現代人則拒絕了亞里士多德這種看法。他們認為，只有能提供確定性的東西才構成知識。同時他們有一個信念，認為任何學科都可能提供同等的確定性。如果有些學科尚未達到確定性的話，它所表示的只是它沒有採用正確的方法。只要採用正確的方法，它也同樣可以達到別的學科所具有的確定性。這種想法最具代表性的思想家當然是培根（F. Bacon）及笛卡兒（R. Descartes）。他們都認為，不可懷疑或清晰及明確是知識的標準。想要求得知識，我們只能靠一套方法，這是西歐文化十七世紀時知識界共同的看法。但對於這套方法，他們都有一個特別的想法。這個方法論的革命，也造就了現代人的知識觀。笛卡兒在他的《方法論》一書中指出，他的第一個原則就「我若不是清晰地認識到的東西，則就不會把它視為是真的：這就是說，在做判斷時，小心地避免魯莽及偏見，除了那些很清楚地及明晰地呈現在我心中，因而我無法對它懷疑的東西以外，不接受他們中任何其他的東西❼。」笛卡兒這個方法論上的指引，導出十七世紀方法學者一個方法觀，這個方法觀，根據歐克夏，可歸納為下列三點：

1. 研究的方法是由一組規則構成的，這組規則可以被公式化爲
   一組指引，以用來做研究時的規則。

2. 應用這組規則本身是機械的，也就是說，在應用它們的時
   候，不需要任何聰明才智及知識。這組規則本身已是圓滿自
   足地包含了它的應用原則。

3. 這組規則具有普遍的有效性。無論一個人研究的課題是什
   麼，這組規則都是有效的研究指引。

這個方法論的概念，很明顯的是只把技術性的知識視爲知識的一
種看法。因爲應用這種規則所能得到的只是技術性的知識，所以實踐
性的知識就不再被認爲是知識了。

技術至上論的結果之一是把實踐性的知識排斥在知識領域之外。
旣然把實踐性的知識排除在知識領域之外，那麼歷史──實踐的知識
及批判的知識也就不再被視爲知識。由於這兩種知識都不符合技術性
的知識的規準，因而也就不算是知識，那麼把他們排除在大學教育之
外是理所當然的事情。如果大學不傳授這種知識，而價值教育又是由
這兩種知識所組成的，那麼價值教育當然也不應該存在在大學課程之
中了。

五

對於大學教育中爲何排斥價值教育這個問題，我們可以從另一個
角度來對它進行探討。這個角度就是人類對於價值基礎本身的看法有
了改變。任何一個社會的構成，背後都有一組該社會構成的根本原

則，這組根本原則就是該社會的哲學基礎。自由主義哲學提供了現
代西方社會組織的根本原則。一般人只把自由主義視爲一種政治理
論，但事實上，它的影響是無所不在的。舉凡經濟、宗教、法律、
教育、文化等範圍，沒有地方不刻上自由主義的烙印。自由主義主
要所要處理的當然是政府權限的問題，但是，這個問題與其他許多
哲學問題有不可分割的關係，所以它的影響才會滲透到其他的領域。
自由主義的中心論旨就是，只有在某一個人所做的事情對別人構成
傷害時，政府才有權利干涉他的自由，如果他的行爲不對別人構成
傷害，政府就沒有權利干涉他的自由，即使他所做的事是對自己有
害的，政府也沒有權利限制他從事該活動。也就是說，家長式的干
涉，並不能構成政府對人們活動限制的理據。這就是彌爾（ J. S.
Mill ）在《 論自由 》一書中所提出的有名的「 傷害原則 」（ the
harm principle ）❽。德我肯（ R. Dworkin ）在〈 自由主義 〉一文
中把自由主義的中心論旨定爲政府應該在「 哪一種人生才是理想及美
好的人生？」這個問題保持中立的態度，也就是說，政府本身不應該
提倡或貶抑任何一種人生觀❾。

　　自由主義者對於價值，自由，以及理想的人生這些問題之所以會
採取這樣的立場，主要是價值的主觀主義所引起的。價值的主觀主義
這種理論認爲，價值不是由理性所引發出來的東西，他只是人們任意
決定的結果。個人有自己的喜好，有的人喜歡古典音樂，有的人則喜
歡搖滾樂，這完全只是個人的喜好而已，沒有任何客觀的標準可以評
定兩者的高下。理性在這裏不能提供任何標準給我們作爲具有客觀性
的判斷根據。由於價值只有主觀的根據，所以政府不應該在價值問題
上採取任何立場。事實上，如果政府在價值問題上採取某一個立場的
話，它也沒有任何客觀的根據。例如，在古典音樂及搖滾樂的問題

上，政府不應該用納稅人的錢去提倡或資助古典音樂的推廣，因為這樣就表示了一種價值的偏好。由於這種偏好是沒有客觀根據，因此政府所做的事也就是任意的。

自由主義這個中心論旨──政府應該在價值觀及美好的人生這些問題上採取中立的態度──的根據是價值的主觀主義。這種價值觀是現代世界最大的特性之一❿。現代社會為什麼會接受價值主觀主義這個論旨？

要回答這個問題，我們可以從兩個方面來著手。一個是有關宇宙觀的問題，另一個則是理性觀的問題。現代世界由於接受了一種與古典世界不同的宇宙觀及理性觀，所以價值觀也隨著由客觀主義而轉為主觀主義了。

古典的宇宙觀是一個目的性的宇宙觀，宇宙中充斥著意義。每一項物體的存在都有它存在的目的。這是由於神創造世界時就是要使每一樣東西都具有它的功能。在這樣一個目的性的宇宙中，每樣東西如果都能發揮它先定的功能，則這個世界也就顯現出一種和諧，這種和諧就表現為一種宇宙的秩序。在這種目的論的宇宙觀之下，由於每項東西都是由它的功能來給予界定的，因此，事實與價值之間也就沒有一道鴻溝。在用功能概念界定一項東西的系統下，說某一項東西是一項好的東西這種評價式的命題，也具有客觀意義。例如當我們用功能來界定一個手錶時，說明它的功能是報時，攜帶方便等，則如果一個錶符合這種標準到某一個程度以上時，我們就說「這是一個好的手錶。」這句評價語句是具有客觀性的。

現代世界的開始就是把這個目的論的世界觀整個打破。世界不再是一個充斥了意義的場所，它所表現的秩序也不是由各物盡其功能所達成。世界只是像一部大機器一樣，它本身並沒有任何目的。這種新

的宇宙觀雖然仍舊認為世界是有秩序的，但是這種秩序只是純粹機械的秩序，與意義、目的、功能等概念毫無關係。上帝仍佔有一席之地，但他只是第一因，把世界推動以後，就不再管它如何運動了。這種擺脫掉意義的過程，就是韋伯所說的「世界的解咒」（disench-antment of the world）。解咒後的世界只剩下事實，價值本身不再存在在世界中。如果這個世界中任何事態（state of affairs）是有價值的話，他的來源是人們主觀所賦予的。休姆所提出的實然與應然或事實與價值之間有一道邏輯上不可逾越的鴻溝這種講法，正是價值主觀主義的哲學根據❶。這兩者之間有一道邏輯上不可逾越的鴻溝所表示的就是，我們不能由事實推導出價值。世界是由事實所構成。它們具有獨立於人而存在的客觀性，一個事態的存在不會因為有沒有人觀察到而有所改變。價值則不然，因為它不存在於經驗世界中，因此它的來源只能是人們主觀賦予的結果。一個事態是否有價值，完全要看人們是否給它價值才能決定。不同的文化或者是不同的人可能會認為同一個事態具有不同的價值。有的人或文化會認為某一個事態具有正面的價值，有的人則持相反的看法，沒有人可以說與它持不同的看法的人是錯的。因為在這裏，我們沒有一個可以用來判斷好壞的客觀標準。這就是價值的主觀主義。它是現代社會最重要的特徵之一。韋伯所提出的諸神與諸魔（gods and demons）的說法，正是這種價值主觀主義的寫照。

價值主觀主義的另一個來源是人們對於理性這個概念的新的認識。在傳統的目的論宇宙觀之下，每項東西都有它的功能及目的，如果各項東西都能發揮它所被給予的功能，則整個宇宙就顯示出一個和諧的秩序。亞里士多德指出，人是理性的動物。他這個語句的意思是，人的特有的功能是理性的活動。人與其他生物共有一些活動，例

如營養，生育，情緒等。但只有人是有理性的，只有他能夠從事理性的活動，其他生物都沒有從事理性活動的能力。但是，什麼是理性的活動呢？上面曾提到，古典的宇宙觀是一個目的性的宇宙觀，在這個宇宙觀之下，世界內充斥著意義。目的的實現就成就了一個宇宙秩序。亞里士多德指出，最高及最理想的人生是去對這個宇宙秩序從事冥想的工作，去發現他的秩序，從而能扮演在這個秩序中恰當的角色，而這個秩序是一個由意義及目的構成的秩序，並非僅是機械的秩序。這種冥想宇宙秩序的活動就是理性的活動。雖然動物在這個世界中也從事活動，並且他們能實現自己的目的，可是它們對它卻完全沒有了解，人不但能實踐自己的目的，還能自覺地，有意義地實現這個目的。這就是理性活動的結果，在這種理性觀之下，理性本身就可以把握到什麼是人生的真正的目的，因而，也就不只是被限於事實的世界中，它也進入價值的領域。

　　現代人對於理性的觀念做了一個大的轉變。人們不再認為理性能夠處理目的世界的事情，理性的功能只是推論及計算，它所能處理的是經驗世界以及工具世界的東西。我們要了解經驗世界時，理性的功能是幫助我們做計算及推論。但是什麼才是有價值的東西這回事，完全只能由主觀的喜好來決定。因此休姆說，「理性是，並且應該只是愛好（passions）的奴隸，而理性也永遠不在服務及服從愛好之外還宣稱有什麼功能⓬。」這個新的理性的概念就是有名的工具理性。接受工具理性之後的結果是，理性只能在我們確定了某一個目的之後，告訴我們什麼是達成這個目的的最有效的手段。至於我們人生的目的應該是什麼這個問題，理性就完全無能為力了。很明顯的，這種新的理性觀與價值的主觀主義是一個銅板的兩個面。如果接受工具主義的理性觀，則必然也就會引導至價值的主觀主義，同樣的，接受價值的

主觀主義，也必然就會接受工具理性這種理性觀。在工具主義的理性觀下，目的、價值、人生理想等概念全部是非理性的，我們只能用愛好來決定到底要接受什麼價值及目的。

歐克夏在討論技術性的知識時，沒有提到的一個特點是，該種知識是具有客觀性的。事實上，這也應該是技術至上論的要求之一。價值、目的、人生的理想等概念，在現代人的宇宙觀，理性觀及價值觀中，旣然只具有主觀的有效性，那麼很顯然的，有關它們的問題也就不應該被列入學校的正式課程中了。

六

亞里士多德在《尼克曼尼亞倫理學》一書中指出，如何能有一個美滿的人生，是倫理學中最根本及最重要的問題。我想這個問題不僅是倫理學中最根本及最重要的問題，它對任何人而言，都是最重要的問題。有些人甚至指出，「人生的目的就是追求幸福」這個命題乃是一個先驗的命題，因爲人是目的性的動物，而人的幸福就是目的的建立及實現。當然，幸福這個字只是一個形式的字，每個人都必須爲它填上自己的內容。但是無論一個人如何替幸福填上實質的內容，對於它的追求這點，乃是每個人都是共同的。要替幸福下一個定義，第一步所需要的是建立一套有系統的價值觀，如果做不到這點，則人的追求不免是相當盲目的。就建立價值觀這個問題來說，無論一個人想從事什麼行業，都是不可缺少的一個課題。

由於現代人對於知識觀與價值觀的看法，價值教育這種對於建立價值觀不可或缺的學問，完全被排除在正規教育之外。不僅大學中沒有這種教育，甚至連中、小學中也都把這種教育取消掉。美國公立學

校中禁止祈禱的規定，就是這種價值中立主義所引導出來的。這種缺乏價值教育的後果是，受過正式教育的人與沒有受過正式教育的人，除了在謀生技能上有所差別之外，其他方面幾乎沒有任何差別。大學生聽的音樂與看的文學作品，與小學畢業生聽的音樂及看的文學作品沒有什麼差別。大學生的價值也只是從大眾傳媒及廣大的社會上東撿一點，西撿一點拼湊而成的，沒有人在這方面比別人有什麼優勝之處。當然，這一切都可以從價值的主觀主義處找到理據。更嚴重的問題是，由於價值教育的欠缺，道德問題本身也變得越來越嚴重。美國現在已經有許多小學生帶槍到學校去，學校在學生進入校園前要用金屬探測器來偵查小孩是否攜帶武器。相信任何人也會覺得這是極為嚴重的社會現象。

只要人類仍舊抱持技術至上論的知識觀，以及主觀主義的價值觀，學校就很難接受價值教育做為它課程的一部分，但是，沒有價值教育的社會最後的結果可能是整個解體。人類是否能走得出一條新路呢？

注　釋

❶Jürgen Habermas, *The University in a Democracy-Democratization of the University.* 本文收在他的 *Toward a Rational Society*, tr. J. Shapiro（Boston: Beacon Press, 1970）, p. 10.

❷Habermas, *Knowledge and Human Interest*, tr. J. Shapiro（Boston: Beacon Press, 1971）, p. 308 ff.

❸見Michael Oakeshott, *Rationalism in politics*, 本文收在他的*Rationalism in Politics and Other Essays*（London: Methuen, 1962）, p. 34.

❹Ibid, pp. 7－13.

❺Ibid. p. 11.

❻歐克夏在這裏引述了《莊子‧天道》中的一個故事來說明實踐性的知識的特質。有一次齊桓公在看書，一個做輪子的工匠正在做工。他問齊桓公看的是什麼書，桓公說是賢人的書，輪匠問這賢人還活著嗎？桓公說，已經死了。輪匠說，那麼書上所記載的只是糟粕而已。桓公大怒，要他講出道理來，否則將把他處死。輪匠就以他自己的行業做例子。他說，我做輪子下刀時太快太慢都不行，只有恰到好處輪子才能做得好。但是怎麼樣才能恰到好處，則我沒有辦法用語言說得出來，我也無法把它傳授給我的兒子。賢人眞正精彩的地方是無法書之於文字的。運用之妙，完全存乎一心。這個故事所說明的正是實踐性的知識。它無法被公式化成規則，它也無法被教授或學習。人們只有透過實際的實踐才能獲得它。

❼R. Descartes, *Discourse on Method in the Philosophical Works of Descartes,* trs. Elizabeth S. Haldam and G. R. J. Ross（Cambridge: Cambeidge University Press, 1931）, p. 92.

❽J. S. Mill, *On Liberty.*（London: Penguin Books, 1859）, P. 68.

❾R. Dworkin, *Liberalism*, 本文收在S. Hampshire 所編之 *Public and Private Morality*（Cambridge: Cambridge University Press, 1978）, pp. 113－143.

❿麥肯泰爾說，價值中立不僅是自由主義的中心論旨，也是現代性（Mordernity）的最重要的特徵。見A. MacIntyre, *After Virtue*（London: Duckworth, 1981）, P. 112.

⓫David Hume, *Moral and Political Philosophy*, ed. With an Introduction by Henry D. Aiken（New York: Hafner Publishing Co., 1948）, P. 43.

⓬D. Hume, *A Treatise of Human Nature*（Oxford: The Clarendon Press, 1978）P. 415.

從現代主義到批判教育學

——高等教育國際化的理論基礎

王建元

現代性或者現代化一直是中國文化論述者孜孜不倦的話題。打從西風東漸而產生了「西體中用」，現代新儒家的「批判的繼承」，又或是文化綜合論，到怎樣從西方現代主義找尋門徑將中國現代化等，實在令人有莫衷一是之感。而專就現今教育，尤其是香港、臺灣和中國大陸的高等教育所面臨的困境以至解決這困境的可能方向而言，由於中西文化之間的衝突和融匯的契機與現代性這觀念休戚相關，故也無可避免地被納入為研究和思考的主要對象。問題是在九十年代的今天，「現代主義」這個文化運動和現象經已出現了種種漏洞和危機。因此若要從教育角度來策劃文化重建的嶄新路向，「現代化」所能指涉的範疇已沒法引領我們逃出這個偏狹的窘境。一則它已變得尾大不掉、令人無法具體掌握的抽象觀念，二則它又經過了當代思潮的洗禮，將其中的內置矛盾和在社會文化上所造成的種種癥候彰顯出來。故此我認為若要談論香港、臺灣、大陸等地的大學的發展方向和應持有的精神理念，便得從經已形態滯礙的現代化轉入一個比較傾向後現代主義論述，包括比較文化論述，批判教育理論以至高等教育國際化的典範模式。

我覺得若從具備反省性的教育理論入手，再配之以強調多元化的國際教育的具體設計，對中國的文化前景而言，總比滯留在傳統與現

代、又或是空談中西文化融匯來得更合時宜。因此傅偉勳以下這段話，對我撰寫此論文的動機，也有一些推動和啓發：

> 我深深感到，中國文化如果還有起死回生甚至創新的希望，則必須在具有多元開放的國際性思想文化脈絡裏，通過與世界各大傳統的創造性對談、交流以及公平競爭，才有可能。當前的首要課題，我認爲是推進我所強調的多元開放的啓蒙教育。這樣，我們才有辦法進行具有（後）現代意味的文化建設，謀求中國文化的繼往開來。也就是說，多元開放的啓蒙教育乃是文化創新的先決條件。（頁一○三）

由於開放，對談和交流本來就是批判教育學與國際性教育（international education）所抱持的基本信念和理論重點，這樣的一個文化再創的企求不單只可以解開含有民族情緒性的中西文化衝突的死結，更能將大學之教育理念提升至一個所謂「世界村」或「全球課室」的廣闊視野，積極地開展專爲訓植同時是中國人又是世界人的教育事業。但在闡述大學教育怎樣切入這個轉折之前，我們必須先簡單地叙述現代性或是現代化在發展理論和後現代主義論述中，受到一些什麼的質疑和教訓。

不論是現代性（modernity），現代主義（modernism）或是現代化（modernalization），這幾個觀念在最籠統的語意層次上都含有與傳統在性質上有一定的差異，然後在社會、政治、經濟以至文藝等領域上意指進步，理性以及個人主體的自由和獨立❶。其實從開始現代性或現代化早就不只指向某單一社會體系的種種狀況，而是必然會牽涉到跨越文化國界，例如高度發展與落後國家之間的一些看法和

比較。故此論及此等觀念時，我們得緊記它們本就以「權力與知識」之間的關係為其核心結構。然後在探索大學教學國際化的可欲性時，我們又必須明白，由於大學這機構和制度畢竟也是現代性的產品，因此從對現代主義意識形態旳批判，到比較文化的反思，又到國際性教育，一方面問題極為複雜，另一方面這個討論的方向卻有其內在的邏輯和必然性。誠然，現代化所代表的「主體性優位」（Primacy of Subjectivity），人的理性足以有效地支配整個世界等信念，從六十年代開始就招引了很多強而有力的批評（杭之，一九八七）。從社會學中的「發展理論」（development theory）觀之，現代化理論與早期的「進化理論」（evolution theory）一樣，雖然明白到天真的「階段理論」的缺點而予以鄙棄，但仍然保留著世界社會文化會依循一個發展軌跡這老路。例如連納（Lerner）在六十年代將現代化定義為「比較落後的社會追上普遍已發展社會的種種成就（例如城市中心，大眾溝通系統）」（Lerner, p. 386）。爾後一些拉丁美洲的發展理論又指出社會文化的發展過程，並不在於個別社會的內在機制和動向，而是必須從國家與國家之間的互動脈絡或某個國家在國際上的處境才能觀察出來（Cardoso and Falleto, p. 90）。此等可以被歸類為「依賴理論」（dependency theory）特別強調了在現代化後面，國際間的爭衡存著一種中心——依附關係，而其中也就暗含了文化霸權的擴張、滲透以至控制和殖民化等的權力內涵。

至於現代主義與後現代主義之間的糾葛，其中的混淆更形龐雜和嚴重。但若從知識論和教育角度將之稍加整理，相信我們更能體會到將討論焦點從現代化轉移到國際化的優越性。大體言之，在眾多後現代化論述當中，存在一個不謀而合的共通點，那就是對任何一種首肯和包涵「形而上的存現」的「大論述」（qrand narrative）或「主

論述」（master narrative）作出抗拒。它對所有的「自然規律」（natural laws）與及超越的聲稱（transcendental claims）的質疑；然後又徹底地拒絕承認「絕對的本質」（absolute essence）的存在❷。換言之，後現代論述要將現代主義中那信賴整體、理性，及普遍性全盤推翻。由於後現代論述有「政治敏感」的特徵，它也就特別留意到那種打著現代性旗號的「新殖民論述」（neo-colonial discourse）的宰制運作。這種論述利用了現今資訊科技所能做到的知識系統，使得被支配之「它者」（The Other）的文化生命不再被「刻嵌」（inscribed）在壓制性的統治的帝國關係之中。但取而代之的是權力把個人主體消融在那極善於跨越國家文化邊界的生產工具（apparatuses）之內。現代資訊的資料庫，電訊傳眞網絡，與國際溝通系統等都已淪爲一個文化經濟的帝國主義新的世界性網路。一些由文化霸權侵略者所指派的專家和知識份子就高舉著現代性和現代化的招牌，到未開發地區宣揚其爲放諸四海皆準的眞理信息。

其實現代大學教育內的「通才」與「博雅」等意念與十九世紀德國美學淵源甚深；而康德以至希勒的美學教育系統的「整全人格」的觀念本就將藝術文學的審美作爲一種在形而下的認知世界與形而上的至善與精神世界兩者之間的中介、折衷。若再仔細觀察這個整全人格的模鑄過程，我們發現它與個人主義、理性、民主自由等互通聲氣，在某一層次上便是與現代主義那偏重個人主體中心論掛鈎。因此從後現代教育理論觀之，這個源自美學的通才教育理想所培植出來的人，在今天的後資本主義與後工業消費社會當中，便淪落爲虛幻、無能、庸俗，缺乏深度和徹底地被既得利益者所操控的一群「民眾」。大學所訓植成年的學生，將來在社會上只能變成自以爲自由自主，但骨子裏只是資本家可憐的應聲蟲和飽被剝削和被利用的幫兇。但另一方

面，若要深究當今批判教育理論怎樣與後現代論述聯合陣線，向現代主義提出一些回應甚至批駁，我們又得從詮釋學的教育論入手，試圖找尋能處理和解決主體中心主義一個較為合理的方案。我認為詮釋學在現代與後現代之間足以充當一個緩衝的角式。它將「意義」拿來取代主體中心的做法一則能夠充份凸顯了美學，浪漫主義甚至現代主義那已呈枯竭的思想，另一方面又能糾正後現代那只具負面和顛覆的批判而無法提出一解救之道的偏激。我當然明白到一些比較前衛的後現代理論會不滿詮釋學的保守的一面，認為它的立場有替傳統或者既得利益者和霸權說話之嫌。但我覺得若將詮釋學中一些較為批判性的因素突現出來，再配之以哈柏瑪斯的批判或深層詮釋學，它便足以向現今大學在理念、政策、教學及至課程安排上，提供怎樣脫離現代化的桎梏而轉向比較文化和批判的國際化教育的一條可行之道路。

　　我在這裏的所謂詮釋學，實指海德格以及葛達瑪的本體詮釋學。在西方整個教育理論的歷史上，十九世紀的雪萊瑪赫的浪漫詮釋學在人文教育的課程上提供了一門學問，專門研究怎樣結合經驗與哲學和怎樣通過主體性與普遍性，個別與整體之間的辯證關係來探索藝術的特質。故此「教育學的特殊性也就在於如何把理論之普遍有效性與受教個體的分殊性作一個適當的融合」（楊深坑，頁一三一）。然後狄爾泰的「歷史理性批判」繼承了浪漫詮釋學的觀點，以「生命」（Leben）為找尋意義的理解的核心概念，致力於建立人文或精神科學的普遍有效性基礎。這些現代詮釋學的先驅理論都在教育學上有極重要和具體的貢獻。但若我們要特別針對前述的現代主義主體中心說的偏頗，我們又得轉入海德格和葛達瑪較具破壞性的詮釋哲學的主要論述。海氏以「理解」（interpretation）以至在

意義上所獲致的「瞭解」（understanding）爲人類存有的一種基源性的行爲模式，於其中人不斷的開展自身的存有可能性，使詮釋學不再在方法學上停滯不前而被提升至人的在世存有的哲學層次。葛達瑪又將存有本具歷史性這點發展成他的歷史持續意識及著名的「視域交融」，於其中整個詮釋學的核心觀念「詮釋循環」得到極致的發揮。

　　以上的簡述實有助我們瞭解二十世紀德國教育學的發展軌跡。由狄爾泰開始，以「生命」的詮釋作爲教育科學的探討方向經已成爲主流概念。教育事實的歷史重建與意義之直觀理解蔚爲主流，成爲三十年代很多教育理論的兩個要項。再者，爾後的理論又隨著詮釋學的不斷闡發而注意及事實探究，教學的本質必端賴授受交往的具體參與性，以及理論反省與教學實際情況綜合式的深思。其中波爾諾（O. F.Bollnow）於一九六六年就主張以教育學爲人類存在之詮釋學，結果是整個教育史也就是人類存在世上意義的歷史，而教育中的主客，師生關係也適宜從生命整體性意義的詮釋來加以處理。所謂教育事實，代表了師生價值系統與整體社會的價值系統交織而成的複雜關係。故此一個所謂教育詮釋學，就是將教育理論安置在一個詮釋典範上，使之有別於先驗科學把教育現象當作一個純客觀的情況加以描述和研究。這典範強調從瞭解的角度出發，將焦點集中於師生互動關係的過程本身，察看它怎樣產生意義和知識。這種研究又進一步將一些支配教師和學生的角式認定和行爲法則，放置在實際的特殊活動中來分析其中的意義系統。由此看來，教育學與詮釋學似乎享有一互補並行的發展路向，兩者同時在某一程度上放棄了先驗演繹的方法論，放棄了對教育現象或詮釋對象作抽離孤立的研究，轉而著力於闡發研究者主體意識的自省及研究對象不可斬

截的從整全的活生生而具動態的世界抽離此等理念。在態度上，現代教育學與詮釋學同時高懸著詮釋情況與歷史持續意識的基要性，將之視作人類之能認識自己和自己與世界的關係的引路擎燈。

值得注意的是當今詮釋學的教育理論一方面提醒我們主客（包括老師和學生，學習者與學習對象，詮釋者與歷史傳統等）之間的共同隸屬的特性，和主體無可避免的涉入性。另一方面它又戮力否定了浪漫派詮釋學和現代主義中由啓蒙運動所一手做成的主體中心主義。於此點上我們可以大可引用葛達瑪的對話式的「遊戲」模式加以說明。早在希勒的美學教育理想中，他就將康德在《判斷的批判》的一句「認知能力的瞭解和想像之間的自由遊戲」發揚光大，變成他那緩衝於感性動力和形式動力之間的遊戲動力❸。而這個一切藝術活動的來源的遊戲動力便成爲十九世紀以降德國教育理想中的「整全人格」的哲學支柱。問題是這個美學教育架構發展到了某一階段，由於其形而上的傳統那偏向精神領域，後來又與啓蒙運動對主體的理解及控制現實世界的能力和客觀方法的過度信賴，其結果便是葛達瑪在《眞理與方法》中所悉力駁斥的對象。因此葛氏所揭櫫的遊戲模式，便是直接修正希勒的說法，強調了在遊戲中，玩者必須遵循其中規則，專注地和不期然地被整個遊戲的一種內在的往返動力過程所承載，於其中得以浮遊於遊戲的經脈網絡內而臻致某種自由、開放，以自身投入情況而變成「被玩者」。這樣的一個去除中心的過程使得葛達瑪能夠向傳統美學，啓蒙運動以至現代主義那過度膨脹的主體和瀕臨瓦解的孤懸自我施以援手，然後將之客體化。他指出主體之能夠被從中心抽離，是由於在對話式的遊戲中，意義獲得過程的本身便取代了參與者而成爲主體。在閱讀者與他所面對的本文之間的層次而言，一個視域的融合成功與否，便得仰賴一個對話或交談的確實建

立。於其中「參與的雙方彼此都成爲被改造者。談論早段那各自抱持的觀念和主見在對話過程中起了變化，各自爲政的態度都被改變了」（*Truth and Method, p. 96*）。至於這個遊戲和交談模式在實際的教學情況中怎樣產生作用，以下從老師出發的一段話有很適切的描述：

> 身爲教師，我以新穎的觀點看熟悉的話題。我感覺我對學生可以產生相當的影響力。當然，他們改變的方式可能相當多。比如更喜歡歷史，對公共事務更爲老練……不論如何，這些洞見仍只是暫時性的，因爲任何主題都向各種不同的解釋開放，我們自己的解釋只反映我們現在的視域和所處的時代性（張銀富，頁九五）。

接著我們必須審視詮釋教育理論到了最具折衷色彩而兼有馬克思思想的哈柏瑪斯手中，怎樣更被提煉成一種深度的批判性。哈氏首先昭示了人與人之間的溝通和互動（interaction）不只比生產來得重要，更是個人自由的可能性的來源（1974, Chapters 6 and 7）。他的探討重點在於怎樣從單純的瞭解問題轉入人的反省批判性的溝通能力。由於他針對人性的根源「興趣」提出了㈠工技、㈡實踐，和㈢解放，爲使文化和社會以及人類要探求知識和獨立的願望變得可能，故此「教育家對於課程設計必須回顧各個學科的哲學基設」（1970, p. 8）。哈氏不滿葛達瑪的詮釋理性對社會文化的實際狀況的無能爲力，認爲必須開闢旨在發現交織在社會關係中對人的種種羈絆的途徑，才能建立人的成熟自主性（Mündigkeit）與解放（Emanzipation）。哈柏瑪斯更指出葛達瑪僅重視傳統的承接問

題，忽略了批判反省的具體陳述。他向葛氏提出質詢：「究竟有什麼會妨礙和扭曲一個對話的平等性呢？我們又應該採取什麼行動與不對稱的權力關係抗衡（*Review in Bernstein*, 1985, pp. 289-290）？因此哈氏試圖透過意識形態的批判，把社會上的資訊媒介、語言、和宰制架構加以釐清，使人能夠反省自身與歷史和社會之間糾結的真實狀況。在實際的教學場內，哈柏瑪斯更設定了一個不受權力結構束縛的理想溝通情況，使得師生在授受交往過程中開展了一個開放但同時又具反思能力的有效的溝通行動。於其中，發言者並不享有絕對權威，因為「論證的說服力是唯一被允許的強制力，而合作討論真理便是唯一被允許的動機」（1972, p. 263）對於這個理想情況在課程設計和教學方法的具備應用上，我們下文還有比較詳細的闡述。

由此觀之，批判教育理論所要強調的，便是教育工作者得向學生提供機會，使之能面對和處理社會上文化符碼的眾多指涉。它要求學生在「閱讀」這些符碼時能保持一種批判性的態度，學習怎樣審察它們的有限性，此中也就包括了他們用來建構本身的敘述和歷史的符碼系統的有限性。這個教育方向被當代教育理論家吉魯（Henry A. Giroux）定名為「邊界教學法」（Border Pedagogy）。它的基本運作為進行一種「去除中心同時又不斷再規劃地圖」（it decenters as it remaps）（1992, p. 119）的教育指向。這個理論的獨特之處，在於它要求敘述者將自身敘述的局限性編入論述的架構內。於其中學生必須以跨越邊界者的身份面臨知識；以旅行者在環境差異以及由權力的種種建構所製訂的「國界」之間進出徘徊（Hicks, 1988）。再者，邊界教學法又秉承了後現代批駁「官方的」，「合法」以及傳統中早被承認為偉大的「本文」的態度，再

配之以其他例如多媒體例如攝影等再現模式，或者又將普及文化納入課程，視之爲足以分析政治、權力與知識關係的嚴肅課題。這個教學法的最終目標，便是務求將薩伊德（Said）所指出的具有「另外」或「別類」和「抗衡的它者」的一些知識和歷史形式的重整和再認（Said, 1983）。

批判教育理論向現代主義挑戰，並不意味要放棄後者所提出的解放的目標。批判教育工作者要完成的，是要將這個目標所代表的價值徹底地彰顯出來，將之引入衆多的實際和具本土性的情況。而一個本土性的政治，便是要以一種不能預測也不能採取流於空泛的推論的方式，將這政治的系統重新定義（Chantal Mouffe, 1988）。後現代論者指出現代主義含有一點矛盾，那就是一方面它的政治理想根植於爲民主奮鬥的觀念上，但另一方面它的社會理想目標和進行計劃卻與「基礎主義」（foundationalism）掛鈎，而所謂社會現代化的過程，也就變得只能是整個資本主義生產的宰制模式的擴大進行。由於現代主義宣揚一種普及和廣泛的社會進步信念，它也就不自覺地將西方工業發展與霸權式的文化形式、身份和消費行爲連結，而結果便是權力深深的將自身刻嵌入生產過程和工具當中。故此現今教育的重任，必須尋求途徑，培養學生發出「政治的聲音」和在個人與政治之間朝向更高層次的爲公義和社會變形的掙扎而奮鬥。這樣的一個具前衛意識的教育理想，也就必須被視爲一個製造學生的主體身份和立場的過程，而這些身份和立場又必與怎樣洞識種種知識和權力形式的分配、組合、再現以及使之合法化等拉上密切的關係。

誠然，批判教育最重要的題旨之一，便是怎樣提供一個向大叙述挑戰的論述架構，也就是怎樣建構一套一則具備批判能力，二則

又對可能性開放的語言（language of possibility）。教育工作者應把握機會，發展一套經由政治架構和教育的實際情況之間的差異甚至矛盾而達成的衆多論述。其目的就是使學生能對世界有不同的閱讀能力，具備抗衡權力的濫用而最終能肯定差異、民主、公共領域的解放。這套語言闡明了傳統學校中的課程不能被視爲不朽而神聖的經典知識。反之，它應從事一種通過不同的叙述和知識體系的不斷的對峙和交織互動。故此這論述必定對權力、尤其是機構的權力的運作特別敏感和注意。而一個所謂「聲音的政治」便是將自我安放在政治化的中樞位置上，探究和分析所謂自我，是否經由衆多和複雜的途徑以及一種「肯定性的語言」（language of affirmation）的運作而達成；或是這個自我會否經過了不同社會、文化與歷史的形成而被刻嵌出來。學生需要一個新的論述，一種吉魯名之爲「尚未的語言」（language of the not-yet）（1992, p. 78），用來體認自身本來就是衆多身份和立場的建構。但這語言又同時適合於肯定了學生的道德與政治的自主性和主動力，用以創造一個唾棄具階級性和制宰性的關係的平等社會模式。

由於批判敎學法主張致力建立和保留差異性，而同時又憑著這個差異原則實現一個公共領域，因此它反對文化變得龐大和劃一化（the monolith of culture）。（Giroux, 1992, p. 76）。這個敎學理念又特別注重從比較文化角度來重新審視各文化之間，經由爭議和衝突，以至歷史上的鬥爭而形成的權力關係的各個基項。此外，由於文化不能被視爲神聖的客體存在（事實上它是一個移動的意識形態的地域，和一些未完成，多層次和不斷向質詢開放的種種實質關係），故此在教學方法上，學生應經常被提醒，去質問「被挪移過來成爲我們自己的文化究竟本來屬於誰的文化？」又或是「我們究

竟怎樣才能把邊緣性回復正常?」（Popkwitz, 1988, p. 77）還有，如果教育工作者「希望能將一些還未包含批判質素的知識轉化，使之變得具備意義，那文化差異性的社會現實又在教學範疇中有什麼重要性?」（Giroux, 1992, p. 77）又假若教育家以創造不同的，甚至背道而馳和具批判意識的公衆文化爲鵠的的話，那麼種種新穎的知識形態也就有其出現的必要。

　　循著這個理想出發，我們當然又會提出問題：那高等教育在文化的傳承和創新之間又應該扮演一個什麼角色呢? 首先，大學本身固然「代表了肯定已存的世界觀並將之合法化，但同時又要鼓勵新的世界觀的創立；然後它又應該是一個積極授權和塑造各種不同的社會關係的地方」。除此之外，大學又是通過特別選擇和安排使得各種叙述和主體立場變得可能的教育場地（Giroux, 1992, p. 90）。因此不單只在各個學科內的課程範圍都應重視具備「比較」意味的教學法，更應在各科際之間設立新的教學和研究組合，使之得以面對新的知識範疇的形成和發展。在具體的課程安排上，柯克樂（Clark Kerr）所提出的「世界軌跡領域」（world orbit fields）與及金耀基的「泛科際整合」都是從此方向著眼的觀念。其中的詳細內容我將稍後討論。但現在我要特別說明的，是批判教育理論所強調的比較文化這趨勢，便自然地造就了高等教育刻不容緩的國際化的大氣候了。

　　根據柯克樂的說法，現代高等教育的國際化和交流應該包括四項活動：㈠新知識的交流；㈡學者的交流；㈢學生的交流；㈣課程的國際化設計（Kerr, p. 25）。大學教育若要從事以上的四項活動，首先必須在政策、規劃、行政、體制等層面對此等活動的價值加以肯定。表面上其中最後一項比較直接觸及本文的討論範圍。但若稍

作深究，我們又發覺這四項之間有其連貫和互相牽引的關係。又如果將討論焦點放在第四項這問題上，那其他三項便是使其變爲可能的重要預設；它們將整個國際化的活動聯合起來，製造了一個最能發揮批判教育和實踐「全球課室」（global classroom）理想的試驗場。柯克樂在文章中又特別指出，現今高等教育機構若要加強發展其國際性的層次，必須戮力推動各學科的課程設計能突破保守的教育理念和學科傳統範圍的窠臼。他認爲大學應努力開拓更多跨學科和屬於世界軌跡的學術領域的科目和研究中心。他又報導了美國最近在這方面有關學者悉力尋求一種全球課程的可能發展，以及鼓勵各大學開設世界歷史，使學生對不只一個主流的美國文化傳統的充份瞭解，及至關於整個世界那互相聯繫但又相互激盪的種種制度網絡（包括物理、生物、經濟、政治、資訊）等的價值評估和分析（Kerr, p. 33）❹。另一位高等教育國際化的先驅雅魯威（William H. Allaway）也在討論大學交換計劃的未來發展時提出教授們應採取行動，將大學課程國際化❺，以便加強學生的「國際性，多元文化和全球學習經驗」（Allaway, p. 59）。

　　因此，在一個有訪問教授和交換學生在場，同時又有本地老師和同學參與的國際課程，甚至連科目主題都集中在某些國際問題上的課室內，全球性的課室就有了存在的基本條件。不論所習的科目爲經濟、政治、法律、歷史以至人類、心理、社會。（其實在國際教育理論中仍有待學者們研究此中究竟那些科目比較有利或那些會阻礙高等教育國際化發展，但至少從表面看，社會學或語言學比較抱持現代主義所宣揚的普遍主義，而人類學就似乎更能接受個別性差異和本土的重要性。）這個環境都有利我們對一個批判性的授受交往過程進行實驗。這樣的一個課程從內容範圍，教學的方法和形式，以至在課室內

的討論參與的態度習慣，都涉及了比較分析和不同文化之間的價值取向的審察，毫無疑問會符合了柯克樂對國際化教育的課程設計的要求。老師和同學們不單只正在教授或接受不同的文化社會經濟政治等學科的知識，而是更進一步的被引導有意識地運用一個早已內置的比較模式，將有關知識以科際整合和主動批判的態度加以融化和領悟。

關於以上的幾個概念，我想用自己的實際教學經驗作進一步的說明。我在這數年間一直在香港中文大學的亞洲課程學部開「中國文學選讀」這門課。選修的同學除了不同國籍和地區的海外學生，還有中文大學選讀通識課程的香港學生。海外學生選修這門課的目的比較使人容易瞭解。但對於一些較熟悉中國文學的材料的中國同學而言，他們應怎樣通過閱讀一些英譯課本而收到通識教育的功效卻是我一直要面對和探索的難題。在最基本的層次上，中國同學固然可以在對此等材料的處理角度和方法，甚至外籍同學的學習習慣和在課室內的參與態度上，獲得一些好處。但我們還須處理另一個更理論性的問題，那就是這門課的外籍同學要研習一些由中文翻譯成英語作品，同時中國同學又得反過來通過英譯本，在課室要用英語來討論這些作品。那我應怎樣做和特別注意什麼才能將這個情況提升到一個國際化和具批判性的授受經驗呢？此刻我們又會很自然的聯想到另一個問題，便是究竟翻譯這個文化現象在國際化教育中在理論層次上有什麼重要性。其實剛才提到學生們引用一個內置的模式來比較分析學習材料時，我們已經觸及晚近翻譯理論中所備受重視的所謂語言、文化和詮釋的轉向這個趨勢。葛達瑪曾經指出，由於翻譯者也同時是詮釋者，並且在翻譯的過程中，他無可避免地必須用新的方法和新的形式來將「原文」再現（ Qadamer, *Truth and Method* p. 346 ）。再者，哈柏瑪斯在他那著名評論《真理與方法》的文章中也特別突出翻譯對詮釋的重要

啓迪，說明了任何一個語言，尤其是它的文法，早已具備了讓我們能接觸和理解另一個語言的能力。並且當我們在學習一個外國語言時，我們也就同時學到語言是怎樣學來的（*Habermas in Bernstein*, pp. 247-248）。哈氏在這裏闡明了當譯者以內置的母語爲基礎來接觸另一個語言時，由於這個外加的語言的獲得必須經過有意識的詮釋活動，也就同時突出了翻譯行動的詮釋因素，故此翻譯便可以被視爲一個絕佳的詮釋情況的實例。此點不單只替一切翻譯，比較文化以及國際化教育的可能性奠下了理論基石，它更指出一切詮釋活動不可能從零出發，或是從一個天眞無邪的觀點和立場來接觸事物。因此任何的比較行動又必定會以一個已存的知識模式來與另一個例如語言、傳統或文化體系產生激盪甚至衝撞。再者，晚近的翻譯理論家也特別注意到本文從開始就是一個「社會文化的表達點」，而所謂「前本文」（pre-text）也在譯者選擇材料和意識形態的出發點等層面上都有其決定性的影響。由此觀之，翻譯本來就是一種文化的「再寫」（rewriting）的活動；也因爲如此，理論家便紛紛對語言的循環性，各個文化層次之間，男女性別之間，政治的傾覆和制宰結構與知識權力關係等大加發揮❻，令到翻譯行爲被「徹底的歷史化」。

　　再回到中國學生怎樣從一門爲海外學生開設，又需要通過閱讀翻譯材料的課程而得益，同時海外同學又在什麼條件下由於有本地同學的參與而享受到額外的益處此等問題上。顯而易見，這門課的中外同學享有一個通過兩個語言，與及兩個文化傳統的碰撞而取得自我和互相瞭解認識的機會。在閱讀和討論當中，老師「不只傳送而更要製造知識的文化實踐」（Giroux, 1992, p. 98）；而同學們又不單只接受知識的承傳，更應進而質詢知識背後的產生過程。在課室中每個人爲了自我教育而創造了一個教育場，於其中「採用一種令意義變得多層

重心和分歧，而又抗拒僵化了的結論」的語言來寫、說、聽（Giroux, 1992, p. 29）。每個人都應利用此機會認識到一切的大叙述要將歷史經驗統一化，以及它拒絕讓自身的有效性和合法性納入討論分析中這種現象。在參與討論時，師生之間，中外同學之間又可以互相鼓勵對方，反省自己用以辯論的聲音或身份立場的來源和政治社會背景。當然，這樣的一個授受形式和態度便極接近一個邊界教學論所提出的，讓師生們享有機會對不同文化單元，經驗以及語言的衆多指涉作出有意義的回應的理想教育場(Aronowitz and Giroux, 1991, p. 118)。他們的最終目標，便是不斷地搜索和體認另外不同層次的文化重現來教育自己。

關於在製造新知識的過程中怎樣確立一個足以應付和闡發這新知識的一套嶄新論述這個問題，我們還可以再回到哈柏瑪斯的「理想言語情況」（ideal speech situation ［ISS］）作爲參考。哈氏認爲這理想情況直接描述了一個溝通行動的內在結構，也代表了一種關係對稱的交談模式（symmetrical relation of dialogue），這關係的特徵，在於它具備足以形成一個溝通行動的自省過程：

> 自省爲意識帶來一個自我形成（Bildung）的經營中一些決定性因素。這個自我形成在意識形態上決定了現在的實際行動和一個世界觀。它指向先前只在潛意識中得以變成意識的一個洞見；這洞見的豐富成果就是能涉入生命本身的一些分析性的見解（*Theory and Practice,* pp. 22-23）。

哈柏瑪斯的溝通行動的對談模式，奠基於人與人之間在辯論中的現實性。於其中某種冒險和承擔面對的因素是將普通的對談轉入具折射性

的後設層次所必備的（Young pp. 120-121）。這個對話模式特別仰仗「重建人類獲得知識的新途徑，而它也應是能超越文化之間差異的某種力量」（Young, p. 80）。ISS還有另一個「泯除中心的學習模式」，它「所能做到的是使事情對情況負上責任，也就是說使之為了批判的分析而變得具備了有待解決的問題，然後又得向歷史負責。」（Young, p. 152）因此哈氏的ISS提供了研究溝通行動的門徑，它通過認知，人之間所達成的和可以表達的有效性，用以分析相互主體性所必備的批判性的聲稱。這個沒有被強制的參與模式（uncoerced participation）的分析的結果便是「有效地解決社會問題」和朝向具備相互主體的所謂「公共領域」的建立（Young, p. 153）。

　　這樣將批判教育理論安放在高等教育的國際化的實踐，在各個細節的具體意義上，可能模式和成果都有待各方面的學術研究者繼續探研。例如法國文化理論家布都亞（Pierre Bourdieu）對社會語言學怎樣在語言與教育之間的研究取得成果的問題上，也可以向我們提供一些理論的出路，繼續深究教學法與文化比較分析的重重關係。尤其是他的「居所，資本和場地」（habitus, capital, field）等觀念對決定性的語言與建設性的語言之間在教學時的種種辯證關係的分析，的確能帶領我們進入比哈柏瑪斯更深層次的論述範疇。布氏認為我們應首先弄清老師和同學在課室內所用的不同語言系統。但由於語言的採用或選擇老早被背後的經濟政治原則下的權力關係所決定，因此：

> 只有一個服務於另一個學校體系而又具備某些外在作用，而相對地有了另一個在階級之間取得權力平衡的情況下，一個最大限度和具生產力的教學工作才會變得可能（Bourdieu & Passera, 1977, p. 127）。

因此如果能把握到學生與老師怎樣獲致一種課室的語言模式，以及對學校內怎樣選擇某種語言，與此同時它又擯棄和抗拒其他模式這個運作有所瞭解，一個比較具備建設性和創造性的語言體系才能在群體的協力下變得可能（ James Collins, p. 121 ）。我認爲我們值得多花功夫繼續探究類似布都亞這樣的理論架構，用以支持和加強大學教育批判化和國際化。又例如另一位語言學家金柏斯（ Gumperz ）針對西班牙文、英文、美國標準英語與黑人英語之間在課室內的種種價值，政治，親切與正式之間等等的對立問題，研究此等語言的使用者被箝制在兩個語言之間的矛盾意識和困擾（ Gumberg, pp. 70-72; 29-37 ）。這種研究也當然可以向大學的交換課程提出一些更有效的理論取向，也同時加強了本文從批判教學法轉入高等教育國際化的理論基礎。

　　總括言之，本文的主旨在於說明，拿現代主義這理論指標討論當今大學的理念和方向，已令人有疲弱無力之感。問題是若要有力地肯定批判教學論的確有利實現大學課程國際化這目標，現代主義仍然應被視爲一個無可避免的出發點。原因是這思想老早就與教育理論與實踐結下不解之緣。從杜威開始到當代的教育家都分享了現代主義所強調的個人思考能力，實行社會責任和通過啓蒙理性的強調來重造一個自由民主的世界。現代主義「無論是其進步的一面或是具壓抑性形式的另一面，都同時向一些不同的教育理論和實踐提供了主要的討論範疇……事實上我們要向現代主義挑戰就等於要重新界定我們的社會、政治、文化地理的特性」（ Aronowitz and Giroux, 1991, p. 58 ）。故此單只爲了這個理由就足以驅使我們面對目前一些後現代論述所提出的反駁。後現代論述所要爭取的是「多種聲音的叙述」，一些不同而能將本已不可能再現的某些什麼再呈現出來的叙述。其中包括了

「從獨特歷史掙扎過程中所引出來的故事」（Aronowitz and Giroux, p. 69）。而本文所鄭重引介的邊界教學理論也就同樣地要為了讓師生們能有機會享有一個「眾多視域論述」，能夠以一個不確定的辯證，不同的合法化過程去拓建各個特定範圍內的游移主體身份，邊界的重新定位和重視「非超時序的回憶」（nonsynchronic memory）（Emily Hicks, pp. 47-58）。

　　誠然，因應著上面提出的例如眾多叙述，個別特殊歷史掙扎，政治本土化，文化重建以及新知識的創造等指引，我深深覺得在香港、臺灣和中國大陸的高等敎育的國際化確實刻不容緩。以一個泛科際整合為基的課程國際化，再配上比較，批判性的敎學法，似乎更能將中西文化之間的杆格瓦解，將之提升到另一個新契機、新方向。這個新方向可以免除了長久為人詬病的中西文化爭論的桎梏和羈絆，使大學能在中國傳統文化與西化或現代化之間、個人與社會整體利益之間的價值取向獲得平衡。若能從中西文化互相貶抑的窘境掙脫出來，逐漸將敎育理想轉移到以比較、自省式的詮譯，對話和朝向建立理想言語情況為基本的新的敎育典範，中國的高等敎育似乎可以消弭多年來礙於過分激烈的民族情意結中那中西對立的狹隘性。金耀基早就論及二十世紀的中國，在其傳統人文價值面對西方文明的挑戰急切要尋求出路時，中國人就得消解和逃離過度的「種族中心的困窘」。而現代化的「儒化」過程，也應該依循一個超越中西二元對立的解決之道。從敎育與文化角度看，當今中國人所面臨的現代，以至後現代的問題，也就是劉述先所綜合出來的：「如今在古與今、新與舊、傳承與創新、科學與人文、權威與民主、現實與理想各方面找到平衡」等問題（劉述先，頁六一）。而高等敎育批判化和國際化，極可能是通往解決此等問題的康莊大道。

注　釋

❶以下是數本比較重要的專著: David Kolb, *The Critique of Pure Modernity* (Chicago UP, 1986); Neil Larsen, *Modernism and Hegemony* (Minesota UP, 1990); Anthony Giddens, *The Consequences of Modernity* (Stanford UP, 1990).

❷例如: Linda Hutcheon, *The Politics of Postmodernism* (London, Routledge, 1989); Jean-Francois Lyotard, *The Postmodern Condition* (Minesota UP, 1981); Fredric Jameson, *Postmodernism or, the Cultural Logic of Late Capitalism* (Durham, Duke UP, 1990).

❸請參看 Immanuel Kant, *Critique of Judqment*, trans. J. H. Bernard (New York: Hafner, 1951), p. 26; p. 52. Friedrich Schiller, *On the Aesthetic Education of Man*. trans. Reginald Snell (New York: Frederick Ungar, 1954), p. 13; p. 15; pp. 73-81.

❹他所舉出的例子有: 一九八七年的 Study Commission on Global Education 的報告與一九八八年Talloires Universities Group的課程改革等。參見 Clark Kerr, "International Learning and National Purposes in Higher Education," *American Behavioral Scientist*, Vol. 35 (1991), p. 33.

❺參見William H. Allaway, "The Future of International Educational Exchange," *American Behavioral Scientist*, Vol. 35 (1991), p. 59. 作者認為整個二十世紀後半對人類文化影響最深遠的運動應該是世界逐步的國際化,故此這個主題應在現今的高等教育的事業中佔著極重要的位置。

❻參閱Douglas Robinson, *The Translator's Turn* (London: Johns Hopkins UP, 1991), pp. 16-18.

參考書目

中文部分

傅偉勳，〈走三民主義的樊籠──啓蒙教育與文化創新〉，《當代》，一九九〇年，第五十四期。

杭之，〈依賴的現代化發展的反省〉，《當代》，一九八七年，第十三期。

楊深坑，《理論・詮釋與實踐──教育學方法論論文集》（臺北，師大書苑，一九八八年）。

金耀基，《從傳統到現代》（臺北：時報，一九七八年）。

劉述先，《中國哲學與現代化》（臺北：一九八〇年）。

英文部分

Allaway, William H. "The Future of International Educational Exchange," *American Behavioral Scientist*, Vol. 35 (1991), pp. 55-63.

Aronowitz, Stanley and Henry A. Giroux. *Postmodern Education: Politics, Culture, Social Criticism*. Minneapolis: U of Minnesota p. 1991.

Bernstein, Richard J. "From Hermeneutics to Praxis," *Hermeneutics and Praxis*, Robert Hollinger ed., Notre Dame: Notre Dame UP, 1985.

Bollnow, O.F. "Erziehungswissenschaft und hermeneutische

Padagogik," *Zeitschrift für Pädagogik,* 17. Jhrg (1971), pp. 683-703.

Bourdieu, Pierre and Passeron, Jean-Claude. *Reproduction in Education, Society and Culture.* London: Sage, 1977.

Cardoso, F. H. and Falleto, E. *Dependency and Development in Latin America,* M. M. Urquidi trans. Berkeley: U of California P, 1979.

Collins, James. "Hegemonic Practice: Literary and Standard Language in Public Education," *Journal of Education,* 171, No.2 (1989), 299-326.

Gadamer, Hans-Georg. *Truth and Method.* London: Sheed and Ward, 1975.

————*Philosophical Hermeneutics,* trans. and ed., David E. Linge. Berkeley: California UP, 1976.

Giroux, Henry. *Border Crossings: Cultural Workers and the Politics of Education.* New York: Routledge, 1992.

Habermas, Jurgen. *Theory and Practice,* trans. J. Viertel. London: Heinemann, 1974.

————"A Review of Godamer's Truth and Method, *Hermeneutics and Modern Philosophy,* ed., Brice R. Wachterhauser. Albany: New York State UP, 1986.

Hicks, E. "Deterritorialization and Border Writing," in R. Merrill, ed., *Ethics/Aesthetics: Post-Modern Positions.* Washington D. C.: Maisonneuve, 1988, 47-58.

Kant, Immanuel. *Critique of Judgment,* trans. J. H. Bernard.

New York: Hafner, 1951.

Kerr, Clark. "International Learning and National Purposes in Higher Education," *American Behavioral Scientist,* Vol. 35 (1991), 17–42.

Lerner, D. *The Passing of Traditional Societies.* New York: Free Press, 1964.

Mouffe, Chantal. "Radical Democracy: Modern or Postmodern?" In A. Ross, ed., *Universal Abandon? The Politics of Postmodernism.* Minneapolis: U of Minnesota, pp. 31–45.

Poprewitz, Thomas. "Culture, Pedagogy, and Power: Issues in the Production of Values and Colonialization," *Journal of Education* 170: 2 (1988), 72–86.

Said, Edward. "Opponents, Audiences, Constituencies, and Community," in H. Foster ed., *The Anti-Aesthetic: Essays on Postmodern Culture.* Port Townsend, Washington: Bay Press, 1983, 135–159.

Schiller, Friedrich. *On the Aesthetic Education of Man,* trans. Reginald Snell. New York: Frederick Ungar, 1954.

Young, Robert. *A Critical Theory of Education: Habermas and our Children's Future.* New York: Columbia UP, 1990.

滄海叢刊書目（二）

國學類

先秦諸子繫年	錢　　穆	著
朱子學提綱	錢　　穆	著
莊子纂箋	錢　　穆	著
論語新解	錢　　穆	著
周官之成書及其反映的文化與時代新考	金　春　峰	著
尚書學述（上）、（下）	李　振　興	著
周易縱橫談	黃　慶　萱	著
考證與反思		
——從《周官》到魯迅	陳　勝　長	著

哲學類

哲學十大問題	鄔　昆　如	著
哲學淺論	張　　康	譯
哲學智慧的尋求	何　秀　煌	著
哲學的智慧與歷史的聰明	何　秀　煌	著
文化、哲學與方法	何　秀　煌	著
人性記號與文明		
——語言・邏輯與記號世界	何　秀　煌	著
邏輯與設基法	劉　福　增	著
知識・邏輯・科學哲學	林　正　弘	著
現代藝術哲學	孫　　旗	譯
現代美學及其他	趙　天　儀	著
中國現代化的哲學省思		
——「傳統」與「現代」理性結合	成　中　英	著
不以規矩不能成方圓	劉　君　燦	著
恕道與大同	張　起　鈞	著
現代存在思想家	項　退　結	著
中國思想通俗講話	錢　　穆	著
中國哲學史話	吳怡、張起鈞	著
中國百位哲學家	黎　建　球	著
中國人的路	項　退　結	著

中國哲學之路	項　退　結　著
中國人性論	臺大哲學系主編
中國管理哲學	曾　仕　強　著
孔子學說探微	林　義　正　著
心學的現代詮釋	姜　允　明　著
中庸誠的哲學	吳　　怡　　著
中庸形上思想	高　柏　園　著
儒學的常與變	蔡　仁　厚　著
智慧的老子	張　起　鈞　著
老子的哲學	王　邦　雄　著
當代西方哲學與方法論	臺大哲學系主編
人性尊嚴的存在背景	項　退　結編著
理解的命運	殷　　鼎　　著
馬克斯‧謝勒三論	阿弗德‧休慈原著、江日新　譯
懷海德哲學	楊　士　毅　著
海德格與胡塞爾現象學	張　燦　輝　著
洛克悟性哲學	蔡　信　安　著
伽利略‧波柏‧科學說明	林　正　弘　著
儒家與現代中國	韋　政　通　著
思想的貧困	韋　政　通　著
近代思想史散論	龔　鵬　程　著
魏晉清談	唐　翼　明　著
中國哲學的生命和方法	吳　　怡　　著
孟學的現代意義	王　支　洪　著
孟學思想史論（卷一）	黃　俊　傑　著
莊老通辨	錢　　穆　　著
墨家哲學	蔡　仁　厚　著
柏拉圖三論	程　石　泉　著
倫理學釋論	陳　特　　著
儒道論述	吳　　光　　著
新一元論	呂　佛　庭　著

宗教類

佛教思想發展史論	楊　惠　南　著
佛教思想的傳承與發展	
——印順導師九秩華誕祝壽文集	釋　恆　清主編

佛經成立史	水野弘元著、劉欣如譯
圓滿生命的實現（布施波羅密）	陳 柏 達 著
蕭蔔林・外集	陳 慧 劍 著
維摩詰經今譯	陳 慧 劍 譯註
龍樹與中觀哲學	楊 惠 南 著
公案禪語	吳 怡 著
禪學講話	芝峰法師 譯
禪骨詩心集	巴 壺 天 著
中國禪宗史	關 世 謙 著
魏晉南北朝時期的道教	湯 一 介 著
佛學論著	周 中 一 著
當代佛教思想展望	楊 惠 南 著
臺灣佛教文化的新動向	江 燦 騰 著
釋迦牟尼與原始佛教	于 凌 波 著
唯識學綱要	于 凌 波 著
從印度佛教到中國佛教	冉 雲 華 著
中印佛學泛論	
── 傅偉勳六十大壽祝壽論文	藍 吉 富 主編
禪史與禪思	楊 惠 南 著

社會科學類

中華文化十二講	錢 穆 著
民族與文化	錢 穆 著
楚文化研究	文 崇 一 著
中國古文化	文 崇 一 著
社會、文化和知識分子	葉 啟 政 著
儒學傳統與文化創新	黃 俊 傑 著
歷史轉捩點上的反思	韋 政 通 著
中國人的價值觀	文 崇 一 著
奉天承運	
── 古代中國的「國家」概念及其正當性基礎	王 健 文 著
紅樓夢與中國舊家庭	薩 孟 武 著
社會學與中國研究	蔡 文 輝 著
比較社會學	蔡 文 輝 著
我國社會的變遷與發展	朱 岑 樓主編
三十年來我國人文社會科學之回顧與展望	賴 澤 涵 編

社會學的滋味   蕭　新　煌　著

臺灣的國家與社會   徐正光、蕭新煌主編

臺灣的社區權力結構   文　崇　一　著

臺灣居民的休閒生活   文　崇　一　著

臺灣的工業化與社會變遷   文　崇　一　著

臺灣社會的變遷與秩序（政治篇）（社會文化篇）文　崇　一

鄉村發展的理論與實際   蔡　宏　進　著

臺灣的社會發展   席　汝　楫　著

透視大陸   政治大學新聞研究所主編

寬容之路
　　——政黨政治論集   謝　延　庚　著

憲法論衡   荊　知　仁　著

周禮的政治思想   周世輔、周文湘　著

儒家政論衍義   薩　孟　武　著

制度化的社會邏輯   葉　啟　政　著

臺灣社會的人文迷思   葉　啟　政　著

臺灣與美國的社會問題   蔡文輝、蕭新煌主編

自由憲政與民主轉型   周　陽　山　著

蘇東巨變與兩岸互動   周　陽　山　著

教育叢談   上官　業　佑　著

不疑不懼   王　洪　鈞　著

戰後臺灣的教育與思想   黃　俊　傑　著

太極拳的科學觀   馬　承　九　編著

兩極化與分寸感
　　——近代中國精英思潮的病態心理分析   劉　笑　敢　著

唐人書法與文化   王　元　軍　著

C 理論——易經管理哲學   成　中　英　著

史地類

國史新論   錢　　穆　　著

秦漢史   錢　　穆　　著

秦漢史論稿   邢　義　田　著

宋史論集   陳　學　霖　著

宋代科舉   賈　志　揚　著

中國人的故事   夏　雨　人　著

明朝酒文化   王　　春

劉伯溫與哪吒城
　　——北京建城的傳說　陳學霖 著
歷史圈外　朱桂運 著
歷史的兩個境界　杜維運 著
近代中國變局下的上海　陳三井 編
當代佛門人物　陳慧劍 著
弘一大師傳　陳慧劍 著
杜魚庵學佛荒史　陳慧劍 著
蘇曼殊大師新傳　劉心皇 著
近代中國人物漫譚　王覺源 著
近代中國人物漫譚續集　王覺源 著
魯迅這個人　劉心皇 著
沈從文傳　凌宇 著
三十年代作家論　姜穆 著
三十年代作家論續集　姜穆 著
當代臺灣作家論　何欣 著
史學圈裏四十年　李雲漢 著
師友風義　鄭彥棻 著
見賢集　鄭彥棻 著
思齊集　鄭彥棻 著
懷聖集　鄭彥棻 著
憶夢錄　呂佛庭 著
古傑英風
　　——歷史傳記文學集　萬登學 著
走向世界的挫折
　　——郭嵩燾與道咸同光時代　汪榮祖 著
周世輔回憶錄　周世輔 著
三生有幸　吳相湘 著
孤兒心影錄　張國柱 著
我這半生　毛振翔 著
我是依然苦鬥人　毛振翔 著
八十憶雙親、師友雜憶（合刊）　錢穆 著
鳥啼鳳鳴有餘聲　陶百川 著

語文類

標點符號研究　楊遠 著

訓詁通論	吳孟復	著
入聲字箋論	陳慧劍	著
翻譯偶語	黃文範	著
翻譯新語	黃文範	著
翻譯散論	張振玉	著
中文排列方式析論	司　琦	著
杜詩品評	楊慧傑	著
詩中的李白	楊慧傑	著
寒山子研究	陳慧劍	著
司空圖新論	王潤華	著
詩情與幽境 ——唐代文人的園林生活	侯迺慧	著
歐陽修詩本義研究	裴普賢	著
品詩吟詩	邱燮友	著
談詩錄	方祖燊	著
情趣詩話	楊光治	著
歌鼓湘靈 ——楚詩詞藝術欣賞	李元洛	著
中國文學鑑賞舉隅	黃慶萱、許家鸞	著
中國文學縱橫論	黃維樑	著
漢賦史論	簡宗梧	著
古典今論	唐翼明	著
亭林詩考索	潘重規	著
浮士德研究	李辰冬	譯
十八世紀英國文學 ——諷刺詩與小說	宋美璍	著
蘇忍尼辛選集	劉安雲	譯
文學欣賞的靈魂	劉述先	著
小說創作論	羅　盤	著
小說結構	方祖燊	著
借鏡與類比	何冠驥	著
情愛與文學	周伯乃	著
鏡花水月	陳國球	著
文學因緣	鄭樹森	著
解構批評論集	廖炳惠	著
細讀現代小說	張素貞	著

續讀現代小說	張素貞	著
現代詩學	蕭蕭	著
詩美學	李元洛	著
詩人之燈		
——詩的欣賞與評論	羅青	著
詩學析論	張春榮	著
修辭散步	張春榮	著
修辭行旅	張春榮	著
橫看成嶺側成峰	文曉村	著
大陸文藝新探	周玉山	著
大陸文藝論衡	周玉山	著
大陸當代文學掃描	葉釋英	著
走出傷痕		
——大陸新時期小說探論	張子樟	著
大陸新時期小說論	張放	著
大陸新時期文學（1977～1989）		
——理論與批評	唐翼明	著
兒童文學	葉詠琍	著
兒童成長與文學	葉詠琍	著
累廬聲氣集	姜超嶽	著
林下生涯	姜超嶽	著
青春	葉蟬貞	著
牧場的情思	張媛媛	著
萍踪憶語	賴景瑚	編
現實的探索	陳銘磻	著
一縷新綠	柴扉	著
金排附	鍾延豪	著
放鷹	吳錦發	著
黃巢殺人八百萬	宋澤萊	著
泥土的香味	彭瑞金	著
燈下燈	蕭蕭	著
陽關千唱	陳煌	著
種籽	向陽	著
無緣廟	陳艷秋	著
鄉事	林清玄	著
余忠雄的春天	鍾鐵民	著

吳煦斌小說集	吳煦斌	著
卡薩爾斯之琴	葉石濤	著
青囊夜燈	許振江	著
我永遠年輕	唐文標	著
思想起	陌上塵	著
心酸記	李喬	編
孤獨園	林蒼鬱	著
離　訣	林蒼鬱	著
托塔少年	林文欽	著
北美情逅	卜貴美	著
日本歷史之旅	李希聖	著
孤寂中的迴響	洛夫	著
火天使	趙衛民	著
無塵的鏡子	張默	著
關心茶		
——中國哲學的心	吳怡	著
放眼天下	陳雄	著
生活健康	卜新元	著
文化的春天	王鍾雲	著
思光詩選	勞思光	著
靜思手札	黑野	著
狡兔歲月	黃和英	著
老樹春深更著花	畢璞	著
列寧格勒十日記	潘重規	著
文學與歷史		
——胡秋原選集第一卷	胡秋原	著
晚學齋文集	黃錦鋐	著
天山明月集	童山	著
古代文學精華	郭丹	著
山水的約定	葉維廉	著
明天的太陽	許文廷	著
在天願作比翼鳥		
——歷代文人愛情詩詞曲三百首	李元洛	輯注
千葉紅芙蓉		
——歷代民間愛情詩詞曲三百首	李元洛	輯注
鳴酬叢談	李飛鵬	編纂

秩序的探索
　——當代文學論述的省察　　　　周慶華 著
樹人存稿　　　　　　　　　　　　馬哲儒 著

美術類

音樂與我　　　　　　　　　　　　趙琴 著
爐邊閒話　　　　　　　　　　　　李抱忱 著
琴臺碎語　　　　　　　　　　　　黃友棣 著
音樂隨筆　　　　　　　　　　　　趙琴 著
樂林蓽露　　　　　　　　　　　　黃友棣 著
樂谷鳴泉　　　　　　　　　　　　黃友棣 著
樂韻飄香　　　　　　　　　　　　黃友棣 著
樂海無涯　　　　　　　　　　　　黃友棣 著
弘一大師歌曲集　　　　　　　　　錢仁康 著
立體造型基本設計　　　　　　　　張長傑 著
工藝材料　　　　　　　　　　　　李鈞棫 著
裝飾工藝　　　　　　　　　　　　張長傑 著
人體工學與安全　　　　　　　　　劉其偉 著
現代工藝概論　　　　　　　　　　張長傑 著
藤竹工　　　　　　　　　　　　　張長傑 著
石膏工藝　　　　　　　　　　　　李鈞棫 著
色彩基礎　　　　　　　　　　　　何耀宗 著
當代藝術采風　　　　　　　　　　王保雲 著
都市計劃概論　　　　　　　　　　王紀鯤 著
建築設計方法　　　　　　　　　　陳政雄 著
古典與象徵的界限
　——象徵主義畫家莫侯及其詩人寓意畫　李明明 著
民俗畫集　　　　　　　　　　　　吳廷標 著

～涵泳浩瀚書海　激起智慧波濤～